极简
心理学
系列

极简说话心理学

子泓——编著

江苏凤凰美术出版社
全国百佳图书出版单位

图书在版编目（CIP）数据

极简说话心理学 / 李泓编著. -- 南京：江苏凤凰美术出版社，2018.6
ISBN 978-7-5580-4552-3

Ⅰ. ①极… Ⅱ. ①李… Ⅲ. ①心理交往－语言艺术－通俗读物 Ⅳ. ① C912.11-49

中国版本图书馆 CIP 数据核字 (2018) 第 133266 号

责任编辑　曹昌虹
封面设计　华夏视觉
责任监印　唐　虎

书　　名　极简说话心理学
编　　著　李　泓
出版发行　江苏凤凰美术出版社（南京市中央路 165 号　邮编：210009）
　　　　　北京凤凰千高原文化传播有限公司
出版社网址　http://www.jsmscbs.com.cn
印　　刷　天津午阳印刷有限公司
开　　本　710mm×1000mm　1/16
印　　张　14
版　　次　2018年6月第1版　2018年6月第1次印刷
标准书号　ISBN 978-7-5580-4552-3
定　　价　39.80元

营销部电话　010-64215835-801

前 言

公元前266年，秦国大军又一次围攻赵国都城邯郸。起初，白起有病，不能出征，由另一位大将王陵任统帅，连战连败；当白起病势稍有好转时，国君秦昭王便派他去取代王陵。

白起向秦昭王分析了当时的形势："邯郸的确是不大容易攻破。各国救赵的大军正朝邯郸集中，他们对秦国早已怀有深深的敌意。秦军虽然在长平一役大破赵军，自己的士卒也死亡过半，国内空虚。翻山越岭，长途跋涉去攻取别国的首都，赵国从里面出击，其他各国从外围攻，秦军的失败是难以避免的，这一仗不能打。"

可是，秦昭王固执己见，亲自出面请白起出征，白起以有病为由，就是不答应。秦昭王无奈，只好改派别人。结果不出白起所料，在各国援军的夹击下，秦军遭到了惨败。

白起知道战果后说道："国君不肯听我的，如今怎么样啦？"这句话极大地触怒了秦昭王，他一下子将白起一撸到底，从统帅降为一名士兵，并将他赶出国都咸阳，就这样他还不肯善罢甘休，当白起离开咸阳后，他又对大臣们说："白起被贬，心怀不满，口吐怨言，不能放过他！"

当白起行至距咸阳西十里的杜邮时，秦昭王的使臣追了上来，赐了他一把剑，命令他自杀。白起引剑向颈时，悲愤地说："我犯了什么罪而得到这样的下场？"沉思良久又接着长叹："我的确是该死！长平一战，赵军投降数十万人，我以诈谋全部坑杀了，只此一件，我死也是罪有应得了！"一位给秦国立下了赫赫战功的名将，就这样自杀身亡。

白起在敌国未破、激战正酣，秦国正需要用人之际被杀害，他被害的唯一原因，不是他对战局提出了不同于国君的意见，而是恃才傲物，在国君败回时不但不慰问，还说为人臣者不该说的话。更要命的是，他说的是领导最不爱听的风凉话。

白起的结局可谓“祸从口出”。这句俗话似乎告诉我们多说多错，少说少错，不说不错。但是事实上，我们是不能不说话的：约会的时候我们要说甜言蜜语才能抱得美人归；上班的时候我们要能说会道才能升职加薪；同客户交流的时候我们要说得头头是道才能让客户签下合同……张嘴说话就像是张嘴吃饭一样重要。

虽然我们知道说话的重要，但是并不是每个人都能把话说得恰到好处。常常看到的情景是，一句话说不妥帖，恋爱分手了，同事怪罪了，升职无望了，客户跑去竞争对手那里了……

很多人都很苦恼：“我要怎么才能会说话？”其实，说话和心理学密切相关。懂点心理学，才懂得察人识人，了解对方的性格特点、情绪变化，随机应变，把话说到对方的心坎里。

为了帮助大家掌握这些说话技巧，我们出版了这本《极简说话心理学》。这本书从说话心理学切入，讲述常见说话方式和心理活动之间的密切关系，然后介绍了提高说服力、提高幽默感、说好场面话、识破并避开谎言陷阱等技巧以及与上司、下属、客户说话的心理学技巧。

本书通过丰富的案例、详细的分析，希望能够帮助大家掌握面对各种人、应对不同场面的说话之道。这些说话技巧深入浅出、通俗易懂，不管你是行政人员还是业务人员，不管你是企业 CEO 还是基层员工，不管你是顾客还是店主，都可以随时练习，成为舌灿莲花的说话高手。

衷心祝愿每一位读者朋友通过阅读本书能够认准人、说对话、办对事，无论是在生活中，还是职场上都能行走自如，有如神助。

目录 contents

一、懂点心理学，人人都是说话高手

为什么你总是和别人话不投机半句多？因为你不了解别人内心的真实想法，于是说了不该说的话、做了不该做的事。懂点心理学，你才能听懂别人的话外之音，制定有效的沟通应对策略，成为高情商的说话高手。

二、轻松说服他人的八种心理博弈策略

很多人都以为谈判高手或说服专家都是口才流利、能言善辩之人。其实不然，真正的谈判高手和说服专家都是心理博弈大师。看透一个人的内心，你就能轻松说服别人，你的业绩、财富和幸福才可以手到擒来。

三、说好场面话，做个八面玲珑的社交达人

我们总会遇到各种场面，有的一片祥和，有的剑拔弩张，有的气氛尴尬……不管什么场合，都需要一个会说话、会办事的人，才能掌控社交局面。如果你成为这样的人，你就能在人际交往中如鱼得水、八面玲珑。

四、识破谎言的漏洞，避开人际沟通的陷阱

在人际交往中，谎言无处不在，一不小心我们就可能掉入他人的人际陷阱。别担心，再完美的谎言也会露出蛛丝马迹，只要细心观察说谎者的肢体行为，我们就能识破各种谎言的漏洞和信号，躲开人际沟通的陷阱。

五、来点幽默，说好难说的话做好难做的事

美国一位心理学家说过："幽默是一种最有趣、最有感染力、最具有普遍意义的传递艺术。"人际交流中不会总是顺畅，这个时候幽默的语言可以帮助你轻松地化解一切。

六、管住你的舌头，别说让自己后悔的话

百病由口入，百祸由口出。成熟的人，"讷于言而敏于行"，他们知道哪些话该说，哪些话不该说。我们也要管住自己的舌头，不能让它意气用事，更不能让它发出于事无补的怨言……一旦不应该说的话说出了口，便覆水难收。

七、闯荡职场，要跟对人、说对话

职场的硝烟从来不会消散，每年都有一拨又一拨新人踏入这片竞争残酷的天地。要想获得上司的信任、重用，必须看清种种扑朔迷离的职场行为，深谙上司各种行为背后的心理玄机，才能做到与上司无障碍沟通。

八、把话说到客户心坎里，业务就做成了

业绩是一个人工作能力的最好证明，特别是销售人员，销售业绩高于一切。而面对众多客户，想要把公司的产品推销出去，你就不能不懂客户的心，只有把话说到客户心里去，客户才会认同你、你的产品，签下合同。

九、懂点性格行为心理学，跟任何人都聊得来

“龙生九子，各不相同”。每个人都有自己的性格特点，于是有了不同的说话方式、行事风格。破译每一种性格的行为密码，我们就可以亲贵人、远小人，找到跟他们沟通的正确方式，跟任何人都说得来、处得好。

一、懂点心理学，人人都是说话高手

为什么你总是和别人话不投机半句多？
因为你不了解别人内心的真实想法，
于是说了不该说的话、
做了不该做的事。
懂点心理学，
你才能听懂别人的话外之音，
制定有效的沟通应对策略，
成为高情商的说话高手。

1.

懂得倾听，你也能做个说话高手

有一位顾客在某商店购买了一套西服，由于掉颜色的问题，要求退货。

售货员便和他争执了起来。商店经理听到争吵声，连忙赶过去。由于经验丰富，非常懂得顾客心理，商店经理三言两语便让已经被售货员气得发疯的顾客恢复了平静。经理究竟采取了什么方法呢？

原来，经理赶到顾客面前后，先是微笑和诚恳地静静听完顾客的抱怨和发泄。等顾客说完，才让售货员说话。

当彻底了解清楚争吵缘由后，经理真诚地对顾客说："真是万分的抱歉，我不知道这种西服会掉颜色。现在怎么处理，本店完全听从您的意见。"

顾客说："那么，你知道有什么法子可以防止西服掉颜色吗？"

经理问："能否请您试穿一周，看看衣服有没有褪色再作决定？如果到时候您还不满意，那么我们无条件让您退货。好吗？"

结果，顾客穿了一周后，西服果然没有再掉颜色了。

怎么成为一位说话的高手呢？上文中的商店经理，应该给出了一些启示。经理能够让已经暴跳如雷的顾客很快平静下来，关键在于，他能够认真地倾听顾客的不满。

显然，善于倾听无形中起到了褒奖对方的作用，仔细认真地倾听对方的谈话，是尊重对方的前提，能够耐心地听说话者诉说，就等于告诉对方"你说的东西很有价值""你是一个值得我结交的人"。无形中，说话者的自尊得到了满足。于是，说话者对听者就会产生一个感情上的飞跃，认为听者能理解自己，并欣慰于自己终于找到了一个可以倾诉的机会。如此，彼此心灵间的交流就使得双方的感情距离拉近了。

因此，认真仔细听说话者讲述是做一位说话高手的首要条件。说话高手的第二个特征是，能够养成良好的读心习惯。

听别人讲话要注意礼貌，要专心致志地听，眼光要和讲话者交流，适当时用表情姿态去呼应对方的讲话。要做一个读心的高手，眼光切勿飘忽不定，不要做其他事情和显出不耐烦的样子。不要轻易打断对方谈话或接过话头代下结论。

为了让自己学会读心，最好还能进行以下五个“听力”训练。

（1）训练读心时的注意力

想听得准确，必须排除干扰。可以用这样的方法来训练：同时打开两台以上的收音机，播放不同内容，然后复述各个收音机播放的内容。

（2）训练读心时的理解力

有这样的方法：找朋友闲聊，但要有意识地锻炼自己的理解力。

（3）训练读心时的记忆力

就是学会边听边归纳内容要点，记住关键词语。

（4）训练读心时的辨析力

即迅速分辨出争论各方的不同观点，并加以评析。

（5）训练读心时的灵敏力

即能很好地在各种场合与各种对象交谈。

福特汽车制造公司前董事会主席菲利普·考德威尔曾经说过：“如果我们不在乎是否建立了一种风气，如果我们不够细心地去向别人请教、聆听别人给我们提出的意见，那我们就无法知道客户对我们的批评与指教。”

良好的倾听技巧可以帮助销售人员解决与客户沟通过程中的许多实际问题，可以说，在一场成功的客户沟通过程当中，有效倾听所发挥的作用绝不亚于陈述和提问。但并不是人人都能够做到有效倾听，听得不够认真会影响客户的情绪；听得不清楚，会误解客户的意思。有目的的倾听与一般意义上的倾听有很多不同之处。

有效倾听的技巧如下：

（1）不随意打断客户谈话

随意打断客户谈话会打击客户说话的热情和积极性，如果客户当时的情绪不佳，而你又打断了他的谈话，那无疑是火上浇油。所以，当客户的谈话热情高涨时，销售人员可以给予必要的、简单的回应，如“噢”“对”“是吗”“好的”等。

除此之外，销售人员最好不要随意插话或接话，更不要不顾客户喜好另起话题。例如：

“等一下，我们公司的产品绝对比你提到的那种产品好得多……”

“您说的这个问题我以前也遇到过，只不过我当时……”

（2）谨慎反驳客户观点

客户在谈话过程中表达的某些观点可能有失偏颇，也可能不符合你的口味，但是你要记住：客户永远都是上帝，他们很少愿意销售人员直接批评或反驳他们的观点。

如果你实在难以对客户的观点做出积极反应，那可以采取提问等方式改变客户谈话的重点，引导客户谈论更能促进销售的话题。例如：

“既然您如此厌恶保险，那您是如何安排孩子们今后的教育问题的？”

“您很诚恳，我特别想知道您认为什么样的理财服务才能令您满意？”

（3）了解倾听的礼仪

在倾听过程中，销售人员要尽可能地保持一定的礼仪，这样既显得自己有涵养、有素质，又表达了你对客户的尊重。通常在倾听过程中需要讲究的礼仪如下：

① 保持视线接触，不东张西望。

② 身体前倾，表情自然。

③ 耐心聆听客户把话讲完。

④ 真正做到全神贯注。

⑤ 不要只做样子、心思分散。

⑥ 表示对客户意见感兴趣。

⑦ 重点问题用笔记录下来。

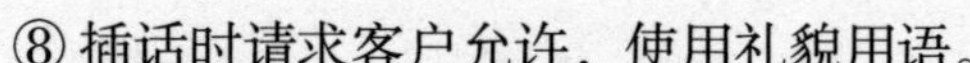

⑧ 插话时请求客户允许，使用礼貌用语。

（4）及时总结和归纳客户观点

这样做，一方面可以向客户传达你一直在认真倾听的信息，另一方面，也有助于保证你没有误解或歪曲客户的意见，从而使你更有效地找到解决问题的方法。例如：

“您的意思是要在合同签订之后的 20 天内发货，并且再得到 5% 的优惠吗？”

“如果我没理解错的话，您更喜欢弧线型外观的深色汽车，性能和质量也要一流，对吗？”

听话听音：透过言谈看懂人心

人内心的思想，有时会不知不觉在口头上流露出来，因此，与别人交谈时，只要我们留心，就可以从谈话中深知别人的内心世界。这一点，在职场中的人更应该注意，如果你想在职场中一片坦途的话，最好尽快掌握这门学问。

（1）由话题知心理

人们常常将情绪从一个话题里不自觉地呈现出来。话题的种类是形形色色的，如果要明白对方的性格、气质、想法，最容易着手的步骤，就是要观察话题与说话者本身的相关状况，从这里能获得很多的信息。

比如，小伙子的话题几乎都与车子的品牌、行程距离、速度等有关，虽然，他们中的大多数人都暂时买不起车。但是，他们那么热衷于车的话题，无非在表示自己将来有能力购车，或者是自己对这些懂得很多，这也是一种时髦的话题罢了。

（2）措词的习惯流露出秘密

语言表明出身，语言除了社会的、阶层的或地理上的差别外，还有因个人的水平而出现差别的心理性的措辞。人的种种曲折的深层心理就会不知不觉地反映在自我表现的手段——措辞上。即使同自己想表现的自我形象无关，通过分析措辞常常就可以大体上看出这个人的真实形象，在这种意义上，正是本人没意识到的措辞的特征比词语的内容更为明确地告诉我们其人自身。

如使用第一人称单数的人，独立性和自主性强，常用复数的人多见于缺乏个性，埋没于集体中，随声附和型的人。

人们总认为是在用自己的话说话，写文章。实际上人们无意中在借用别人的话，有自我扩大欲，反过来探寻这一点，就能窥见其人的内心深处。

例如，对说话者使用难懂的词和外语的人多会感到困惑，其实，这种人多是将词语作为掩饰自己内心弱点的盾牌。择业时，充分显示自己的才能是必要的，但若过分矫饰，反而画蛇添足，让别人如坠云雾的效果是最不利的。这种情形常常不过是反证了对自己智商的自卑意识，将词语作为盾牌，掩饰自己的自卑感。

（3）说话方式才能反映真实想法

通常，一个人的感情或意见，都在说话方式里表现得清清楚楚，只要仔细揣摩，即使是弦外之音也能从说话的帘幕下逐渐透露出来。

① 说话快慢是看破深层心理的关键

如果对于某人心怀不满，或者持有敌意态度时，许多人的说话速度都会变得迟缓，而且稍有变重的感觉。

如果有愧于心或者说谎时，说话的速度自然就会快起来。假如说有一个男人每天下班都按时回家，而这一天他下班后却留在办公室与同事打扑克，回到家时，他就马上跟老婆说他加班了，而且还诅咒现在为什么有这么多的活儿干不完之类的话。他的说话语调也一定会比平常快，这样他可以解除内心潜在的不安。遇到男人这样时，做老婆的一定要慎重，什么事一旦有了开头，就会有下次，不可掉以轻心。

② 从音调的抑扬顿挫中看破对方心理

上述的那位“加班”的男人，当他回到家时，说话的语调不仅快，而且慷慨激昂，好像今天的“加班”的确让他很反感——他是很不愿意“加班”的。

当两个人意见相左时，一个人提高说话的音调，即表示他想压倒对方。对于那种心怀企图的人，他说话时就一定会有意地抑扬顿挫，制造一种与众不同的感觉，有一种吸引别人注意力的欲望，自我显示欲隐隐约约地透露出来了。

酒后吐露的未必全是“真言”

有句俗话称“酒后吐真言”，很多人都相信别人酒后说的话都是掏心窝的话，这真的完全可靠吗?

现代医学对这句俗语这样解释：人喝醉酒后，酒精麻痹了大脑神经，而神经传递着人的意识，这就导致人的意识失去控制，人因心理紧张而关闭的意识大门便打开了，酒后胡言乱语，不吐不快。

如果喝醉后还大量饮酒，以致烂醉如泥，以致酒精彻底麻醉了神经，就无法感受到外来的刺激，大脑进入深度无知状态，内心的潜意识就溜了出来，好像在做梦，曾经藏于内心最深处的影像和语言会通过潜意识不由自主地表达出来。

喝醉后的人因失去了主动的意识，对这些是无法感知的，自己说了哪些，做了哪些，一概不知，说出的和做出的都是潜意识之中的，这个就是隐藏于外表下的内在的自己。

既然如此，我们能否通过一个人酒后的言语来判断一个人呢?我们不忙着回答问题，先看一个笑话。

一个平日里温文尔雅的男士在酒桌上喝醉了，突然想小便，起身出门，随便找了一棵离自己最近的小树，对着树方便开了，完事儿后转身要走，却感觉被人拽住了，就笑呵呵地推辞道：“太晚了，我该回去了，小妹妹下次再见。”可是，不知为何，自己始终被拽着，就是走不了。酒桌上的另一个人看他半天没回来，就出来看看情况。出门后，看到他在和人推辞，可是那人就是不答应，于是过来跟他一起劝解：“小姐，实在是抱歉，我们得走了，下次再来，人生路长，有此一时还有彼一时呢，来日方长，来日方长。”

就这样，来来回回推辞一个多小时，见不松手，他干脆就地坐下睡了起来，醒来后才发现，自己将自己的腰带绑到了树上。

笑话归笑话，我们仍可从中看出，人喝醉后认识力的下降，不再用眼睛看，仅仅凭借潜意识中的大脑来设定环境，再对环境作出相应的行为。以此来看，酒后的行为是人潜意识中自己的设定。

有人喝醉后说工作，有人喝醉后谈生活，而有的人喝醉后是诉烦恼。生活中，由于压力大，特别是当代白领，在周末的时候多会出去排解下工作生活中的压力，酒吧似乎是最好的场所，酒吧里，充斥着酒精，所有人都可以无拘无束。一醉解千愁，千愁一醉解，似乎醉酒后的胡言乱语、任性而为是最好的发泄方式，这些喝醉后的胡言乱语、任性而为，是失去控制的自己，是释放后的自己。而这种控制就是现代社会对人的要求，也是人进入社会的前提。可是丢掉了控制就是真实的自己吗？

经过对人的行为进行分析，根据喝醉后的表现不同，可以推测出人的性格。

喝醉后喋喋不休，说话不着边际的人，这种人看似对什么事情都不在乎，其实内心里一片火热，只是苦于无人了解，会有些许失落和无奈。

喝醉后就会想起许多事情的人，会因无处发泄而酒后踏歌，这种人个性偏内向，性格温和，一般人不能轻易打开他的心门，只有通过深入地了解才能让他吐露心声，他内心深处会有疯狂的想法，却不愿表达出来。

喝醉后常常触景生情，哭哭闹闹的人，情感丰富，热情奔放，以自我为中心，不过，对事物往往不能专注很久。

喝醉后什么都不说，埋头就睡，这种人有正义感，原则性强，虽然有些传统保守，但对认定的事情，会全力付出。

读懂“唇语”就能听懂话外之音

我们内心的感情与想法都是通过嘴部的语言表达出来的，而唇部的形状和动作可以算作一种无声的语言，细心观察可以通过这种“语言”来洞察一个人的内心世界。

嘴唇厚的人通常被认为是乐观开朗的，这是因为口轮匝肌影响着嘴部的形状，而嘴唇丰满就是因为口轮匝肌经常处于放松的状态。而这种放松就是为人开朗、性格随和、善于与人交往的表现之一。而薄嘴唇或者紧绷的嘴唇则代表着为人严谨或者固执，这样的嘴唇是因为经常绷紧口轮匝肌造成的。

如果一个人的一片嘴唇放松另一片嘴唇紧绷，这个人则很可能有着矛盾的性格。嘴部周围肌肉的收缩还有可能意味着担心上当受骗，希望抵制外界的干涉，不受到自己心情或者他人的影响。而嘴唇始终保持放松的人则渴求享受。紧绷而卷曲的嘴唇通常代表着严厉、冷酷，甚至残暴无情。

除了嘴唇的形状之外，唇部的动作能更好地体现出一个人的心理变化。嘴唇并拢表明心理的平静安宁、和谐自然。

嘴唇张开可能表达了疑问和惊讶，嘴唇大张则是大吃一惊或者受到惊吓的表现。

嘴唇习惯性地向外突出则代表了忧郁或者病态的性格。

嘴角下垂的人一般比较悲观消极、容易生气、心理较为灰暗，相反上扬的嘴角则表现出乐观活泼的喜悦情绪，人际交往中这种表情会让他人觉得真诚、和善、易于相处。

平时习惯抿嘴的人，通常心里受到了压抑，从而感觉急躁易怒，这样的人一旦摆脱控制就有可能做出不羁行为。

噘着嘴唇，一般是表示生气或者不满，也有可能是小孩或者情侣之间撒娇的表现。嘴唇紧绷多半是愤怒的表现，或者准备对抗和攻击。

在日常交往中，常常会出现这样的情况，同样的肢体语言和同样的态势语在不同的语境中可以表现完全相反的含义。咂嘴这个动作在日常生活中就十分常见，它可以根据不同的语言环境表达多种含义和感情。

最常见的咂嘴应该是在品尝到美味的时候，这是舌头上的味蕾受到某种味道的刺激而出现的，这时咂嘴多半是对食物味道的肯定和赞叹，证明刚入口的东西给自己的身心带来了享受。

有一个细节可以说明这一点，饮酒的人，尤其是喝到了高品质的酒时，常常会先咂嘴，然后对酒大肆赞叹："好酒！好酒！"当我们看见某件精美的、珍稀的或是令人愉悦的物品时，也会咂咂嘴巴，以示感叹和惊讶，这就是人们常说的"啧啧称奇"。

然而，咂嘴有时可以表现完全相反的含义，例如厌倦、烦躁、不满意等。在生活中，当有人在你面前口若悬河地讲个不停，既影响思路，又耽误大家的时间，这让你忍无可忍时，你会向那个人投以不耐烦的目光，同时咂嘴，这样，他就会明白你的意思是要他立即停止。当你面对一项很复杂的任务，不知该如何下手时，也不自觉地咂一下嘴巴，这时，咂嘴是在表示烦躁不安。

当你将辛苦多日或是熬夜完成的策划递到老板面前时，经过一段可怕的沉默，你可能听不见任何话语，而只能听见老板咂嘴的声音，这时你就需要通过老板的眼神、表情等判断他是否满意。如果是边咂嘴边点头，眼睛睁得很大，那么恭喜你，你的方案一定能通过；如果老板在咂嘴时皱了眉头，眼神中有困惑，你就要想好应对措施了，老板对你的策划可能不够满意哦。不过不用担心，他并没有完全否决，否则他早就暴跳如雷了。

当人们做错事或者发现自己正在做一件本不应该做的事情的时候，常常会下意识地将舌尖微微吐出。小孩子犯了错误被责备或者意识到自己的错误时，常常会吐出舌尖，走街串巷的小商贩、牌桌上或者警察局的审讯室里这种表情也经常出现。这个动作属于一种沟通行为，是社交活动完成后下意识流露的表情，通常表达露馅了、侥幸得逞或暗自庆幸等情感和心态。这一动作的潜台词有很多种，根据情境不同而改变，例如："哎呀，这下完蛋了""哎呀，被抓住了""我做了件蠢事""没想到竟然成功了""咦，竟然被我逃脱了"等。

比如在体育课上时常能见到这种情况，轮到你投球了，可是你很担心："篮筐那么高，我一点基础都没有，技术那么差，能投进去吗？"你胡乱投了出去，结果篮球却乖乖地落进了篮筐。这个时候你往往会一伸脖子吐出舌尖："我只是瞎投的，没想到真的投进了，真是太侥幸了！"

值得注意的是，在社交场合或商务活动中，双方的谈话结束时，如果其中一方觉得刚刚在谈判中自己侥幸做成了一件事，而另外一方又没有发现或者追究，侥幸成功的那一方就有可能做出露出舌尖的动作。如果看到这种表情，一定要仔细回想一下刚才会谈的过程，是不是发生了什么事情，判断一下自己有没有被对方愚弄和欺骗了，又或者是否有人在这段时间内做错了事情。这一点非常重要，可以依此判断自己是不是被对方暗算了。

有时，吐出舌尖也是一种顽皮的表现，小孩子或是年纪较轻的晚辈在同长辈交谈时，有时也会吐出舌尖，表现出一种可爱、天真的性格，有时也是撒娇的象征，通常在关系亲昵的亲人、恋人或朋友之间较为常见。

口头禅会泄露说话者的性格

很多人都有口头禅，平时你注意下，就会不自觉地发现有些人的口头禅只是一个语气词而已。从一个人的口头禅里，我们不难判断一个人性格方面的特征。比如说“没意思”的必然是消极心态的人又或者是对世界产生反抗情绪的人，说“没问题”的会给人一种安全感，让人觉得坦然。说“是吗”的并不是确认你的答案也不是不相信你的话，只是一种无意识的发音而已。还有以下几种常见的口头禅：

（1）说真的、老实说、的确、不骗你

这种人对对方的态度十分重视，过分担心对方是否理解透彻，性格方面属于较为急躁的类型。

（2）应该、必须、必定会

一方面此人自信心极强，显得很理智，为人冷静，认为自己有能力说服对方，让对方心服口服地接受。另一方面，“应该”说得过多的时候，很容易让人觉得你已经产生了“动摇”心理，自己内心也不敢太确定。长期担任领导职务的人，容易有此类口头语，已经成为一种习惯了。

（3）听说、据说、听人说

其所以用此类口头语，是在与人交谈的时候，为了强调自己知识渊博，给自己留了余地，听说这种口头禅带有不确定性，无从考究。这种人的见识虽广，但是真正到了决断的时候，却常常因为心虚做不了决定。很多处事圆滑的人，常用此类口头语。

（4）可能是吧、或许是吧、大概是吧

说这种口头语的人，他有自我保护的心理状态，不会将自己所知道的全部告知于人。在处事待人方面冷静，考虑周到。所以，他们和同事、领导的关系相处得不错，有以退为进的含义。一旦事情到了明朗公开的时候，他们会退一万步说，“我早估计到了这一点”。从事政治的人多有这类口头语，这类口头语隐藏了自己的真心状态。

（5）但是、不过

这种人有些任性，也有些犹豫不决。因此，他们总是提出一个“但是”来缓和。“但是”是为了正当的防卫而设置的，也反映了温和的特点，说出来的话很委婉，完全没有肯定的意思。从事公共关系的人也常有这类口头语，因为它的委婉意味，不致令人有冷落感。

（6）啊、呀、这个、嗯

这是词汇少的人，或是思维速度不够敏捷的人在说话时利用作为间歇的方法而形成的口头语习惯。因此，使用此种口头语的人，反应比较迟钝，思维速度比别人慢一拍。公务员常常使用这种口头语。

那么，请问你平时的口头禅是什么呢？千万要注意口头禅的意思，不要一不小心就把你的秘密公之于世。

点头不全是赞同，摇头不全是否定

唐宇最近郁闷不已，她分不清点头与摇头的意义。举个例子，她上个月的最后一天拿着报表去找总经理，一走进总经理办公室，就发现总经理正在收拾抽屉，打算离开，但她觉得自己报告工作很重要，便问道：“刘总，请问您现在有时间吗？我刚整理完报表，现在想向您汇报一下这个月公司的基本状况。”

总经理立即坐直了身体，点了点头说：“嗯，好的，你说吧！”

“这个月公司的情况很不好。有两个行政人员辞职了，人手不够，有一部分报表还没整理好。我认为我们应该尽快招两个文员来接替她们的工作。”

总经理点了点头，便伸手接过唐宇递过来的报表，认真地看了起来。

在总经理埋头看报表时，唐宇仍然喋喋不休地说道：“公司的打卡机不太好用，我想换一台指纹识别的。”

总经理却摇了摇头，唐宇感到十分不解，正进一步询问时，总经理却将报表递给了他说：“报表完全整理好后，再给我看，其他的事，等下个月再说吧。”说完，就走出了办公室。

唐宇愣在办公室，有些摸不着头脑。很快，一个月的时间过去了，公司招聘文员却迟迟没有消息，指纹打卡机倒是第二天一上班就买上了。总经理明明答应了，怎么迟迟没有动静？这让唐宇郁闷不已。

点头就是赞成、摇头就是否定吗？显然不是。不管是点头，还是摇头，都是在不同的情境下代表着不同的含义。很多时候，不是别人出尔反尔、言行不一致，而是我们根本就没有读懂对方微表情背后的秘密。

比如，事例中的总经理第一次点头自然是表示赞同、允许，但第二次点头，很显然是在敷衍唐宇，但唐宇并没有意识到，以为总经理答应了自己的提议，依然喋喋不休地说。当她提出要买一台指纹打卡机时总经理却摇了摇头，但这个摇头并不是否定买打卡机，而是对她的喋喋不休感到厌烦了，实际上是答应的。所以，总经理既点头又摇头，让唐宇迷惑不解。

所以，点头不全是赞同，摇头也不全是否定，而且在不同的情境中，点头的不同次数便表达了不同的含义，下面我们一起来看看：

（1）点一下头表示肯定

曾经，有一位行为心理学家专门针对先天盲、聋、哑人进行研究，发现他们也用点头表示肯定，因此，得出一个“点头天生论”。这个观点在世界各地都适用，点头都表示“是”，即肯定的态度。当然，也有个别人例外。比如，有些人在被强迫答应的情况下，不得不点头，这里点头就不是代表同意的意思了。

（2）频繁点头表示不耐烦

行为心理学家经过研究发现，比如，在两个人的谈话中，如果一个人点头过于频繁，对于对方说的一句话、阐述的一个观点，像事例中的总经理那样，频繁地点头，超过三次以上，那么很可能就不再意味着他同意或赞成这个人的观点，而是表现出他的不耐烦与否定的意味，很可能是在敷衍对方而已。

（3）点头的动作与谈话不符说明对方没有认真听你说话

比如，一位下属在向上司汇报工作时，领导眼睛看着电脑。等下属汇报完毕后，领导没有给予任何回复。过了好一会儿，他才慌张地点了点头，并说“好”。像这种情况，说明领导根本没有认真、专心地听下属说话。

那么摇头又有什么意义呢？我们一起来看看：

（1）摇头十分明显且频率特别高，是明显拒绝的意思

当摇头表示明显拒绝时，人们的头部动作就会左右摇晃得十分明显，而且频率也特别高。这个动作暗含着对对方所说的话非常不耐烦。

（2）摇头幅度小、频率非常低，是暗示对方继续说下去

当一个人听另一个人说话时，也会出现摇头的动作。虽然这也是摇头，但摇晃的幅度非常小，频率非常低。这时的摇头并不代表否定意味，反而带着一种暗示，是听话者在暗示对方继续说，而他自己暂时没有发话的打算。

（3）口头上赞赏你，却时不时地摇头表明对方并不看好你

一个人在口头上大加赞赏你，却时不时地摇头说："我一定会考虑你""我很欣赏你的作品""我们会合作得很愉快"等，不管他们的态度有多么诚恳，但他们的摇头动作都是他们内心消极态度的体现。所以，你应该多留点儿神。

（4）得意时也会摇头晃脑

有些人在得意之际也会摇头晃脑，比如，唱歌唱到高潮部分时，他会不自觉地摇头，或者在品尝到美食的时候，他也会一边吃，一边不断地摇头说："哦，真不错，真是美味。"

一般来说，点头代表赞同，摇头代表"不"。不过，具体到不同的地域与场合，无论是点头还是摇头，都还会有不同的意义。因此，我们不能以偏概全，必须做到具体问题具体分析。

7.

微笑可能是在掩饰虚伪的心

由于生存需要技巧，为了生存，各种技巧都会被人利用，来保证自己在社会中顺利地生存下去。知识、能力是正面的技巧，而虚伪、狡诈、欺骗、偷窃等，则属于负面的技巧。虚伪作为生存技巧之一，自然不可能被闲置，待人处事，我们常会遇到虚伪。使用虚伪的人往往是成全了自己，损害了他人。那么，如何识破虚伪，使我们免受其害呢？

何谓虚伪？简单地说，虚伪就是不诚实，欺骗别人，说谎是其必然的手段。著名建筑师黑斯廷斯，有句著名的论断："我认为在信奉基督教的国家里，从来就没有一个人能将他的爱和恨隐藏于心底，因为他的面部表情已经把他的内心世界表露无遗。"同样意思的话有很多，"眼睛是心灵的窗户""你的表情背叛了你"，等等，不过，这些谁都知道的道理，并没有帮助人去识别出虚伪，人对虚伪的鉴别能力是很低的。

有人专门为此做过实验，分别对 109 个人进行过观察，他们中最好的成绩是识别了 70% 的谎言，而且只有 3 个人识别谎言的概率超过了 70%。

虚伪常常伴随着紧张，这是一般人的看法。以虚伪为生存技巧的人，虚伪对他来说就是真诚，所以，他的虚伪中是不会伴随着紧张的。如果某人虚伪时伴随着紧张，那么可以断定，此人是个诚实的人，因为不太善于虚伪才伴随着紧张。有些人恰恰相反，比如在公众场合说话就紧张的人，他在公众场合说话时虽然紧张，甚至因紧张而中断，但这里并没有虚伪。有些人只要说话就紧张，任何人见到他说话的时候，他都是紧张不安的。所以，紧张并不能作为鉴别虚伪的信号。把虚伪当作真诚的人，在他的眼中永远也找不到一丝的异样。

那么，如何鉴别虚伪呢？鉴别虚伪的一个关键途径就是微笑。说谎人的微笑很少表现真实的情感，更多的是为了掩饰内心的感情世界。研究显示，微笑并伴随着较高的说话音调是揭穿虚伪的最有效途径。

虚伪的笑和真诚的笑是不同的。虚伪的笑缺乏感情，微笑时神情会有些空洞、茫然，下面的几种面部表情会将一个虚伪的人暴露无遗。

第一种虚伪的笑，只是大颧骨部位的肌肉在笑，也许还有嘴动了动，眼睛周围的轮匝肌和面颊拉长。虚伪的笑，不会引起面颊肌肉紧绷，眼睛也不会眯起。对着镜子不断地练习，虚伪的笑也会看起来很真诚，因为长久的练习可以让大颧骨部位的肌肉层层皱起，补偿了这些缺憾，皱起的大颧骨肌肉控制着眼轮匝肌和面颊，使眼睛眯起。

第二种虚伪的笑，笑的时间稍长。真诚的微笑持续的时间一般在 2 ~ 4 秒钟，感情的强烈程度决定着时间的长短。虚伪的笑缺少真诚的内在刺激，就像一个不速之客，不知是留还是走。因为无法确定什么时候笑，什么时候停止笑，所以要在别人真诚的笑结束后虚伪的笑才随之结束，持续的时间一般稍长。研究表明，任何一种表情如果持续的时间超过 5 秒钟，大部分都可能是假的。但一些强烈的情感除外，如抑郁、大喜大悲。

第三种虚伪的笑，有点儿不对称的面部表情。这里有个有趣的现象，一般人习惯于用右手，若笑是虚伪的，左边的嘴角在笑的时候会稍高于右边嘴角。惯用左手的人，也就是左力手，平时说的左撇子，则刚好相反，虚伪的笑，右边的嘴角会稍高于左边嘴角。

其实，不管如何分，一个简单的道理是，不管什么表情，开始和结束都很突然的时候，表明我们是在有意识地控制，而不是情不自禁、发自内心的。在所有表情中，惊讶是个例外，它是突然开始突然结束的，表现为一闪而过，从开始到结束，时间不会超过一秒，如果时间更长，那么，惊讶就是装出来的。很多人可以用嘴巴张大、眼眉上挑来模仿惊讶，能模仿惊讶的表情，但是，他们做不到突然地开始、突然地结束。

有本书的名字叫《细节决定成败》，说得很有道理。大处往往看不到区别，把人分成男人和女人，那么，男人和男人之间就没有了区别，只有到细微处才能见成败。鉴别虚伪的关键就在于它的细节。不过，细节很难被看到，所以，通过细节鉴别虚伪不是容易的事情。许多虚伪往往用大处来掩盖了细节。当感到伪装的表情失败了时，通常情况下，还会用微笑迅速将其掩盖，有些人则通过说大话唬人来隐藏内心的真实情感，它保持的时间比表情发生细微变化持续的时间要长，这就起到了掩盖效果。在这期间，我们甚至不能确定说话者的真实情感是什么，能察觉到的只是大话本身。

眨眼频率的提高和瞳孔的变大也是内心变化的反应，可以表达出一切强烈的情感，比如激动、愤怒、惊恐。除了表达强烈的情感，还可以表达出一些并不强烈的心理，如含糊其词、支吾搪塞。奇怪的是，当说话者言辞与内心不一致时，眨眼的频率就会变化。因此，观察眨眼的频率变化有助于我们鉴别虚伪。

细致的观察力是一种能力，需要长时间的练习，想一眼就能够识别虚伪，对于初学者是很困难的，勤于锻炼，细致观察，分析比较，任何虚伪都可以被鉴别出来。

二、轻松说服他人的八种心理博弈策略

很多人都以为谈判高手或说服专家都是口才流利、
能言善辩之人。
其实不然，
真正的谈判高手和说服专家都是心理博弈大师。
看透一个人的内心，
你就能轻松说服别人，
你的业绩、财富和幸福才可以手到擒来。

1.

气氛效应：懂得营造气氛才能驾驭社交

20 世纪 80 年代末，老诗人严阵和青年女作家铁凝等一行人去美国访问。一天，他们参观博物馆，由于去的时间较早，博物馆还未开门，他们便在广场上散步。两位美国老人在广场上休息，见到中国人后，很高兴地上前搭讪，其中一位老人还热烈地拥抱了铁凝，并亲吻了她一下，以表示对中国友人的热烈欢迎。

铁凝从未遇到这种欢迎礼仪，一时接受不了，表现得不知所措，场面十分尴尬。

另一位老人见状，就抱怨同伴："中国人不习惯这样！"那位拥抱铁凝的老人，就像犯了错的孩子，呆呆站在一旁。

严阵见气氛有些尴尬，微笑着说："尊敬的老先生，您刚才吻的不是铁凝，而是中国，对吧？"

那老人马上明白了严阵的意思，笑着说："对，对！我吻的不是铁凝，是中国！"

几个人哈哈大笑起来，尴尬的气氛马上烟消云散了。

在社会心理学上，有个很有名的"气氛效应"，它指的是一个人进入了一个带有浓烈气氛的情境之后，就会情不自禁地做出符合这个情境的行为，即使这个行为可能做出来并不恰当。比如，在演讲现场，你觉得台上的演讲者讲的内容一点意思都没有，但是当周围人鼓掌时，你也会跟着一起拍手。再比如，在 KTV 里面唱歌，大家你一杯我一杯地喝着啤酒。虽然你对喝啤酒一点兴趣都没有，但是见大家情绪高涨，而且一个个热情地跟你碰杯，你也会跟着喝。这就是环境气氛带给人的影响和刺激。

在交际中，尴尬和僵局的出现，实际上就是有人在破坏这种气氛效应。比如，大家都很热情地鼓掌，你偏偏不鼓掌，演讲者见你如此，自然觉得尴尬；大家都情绪高涨、推杯换盏，你偏偏拒绝碰杯，这样势必会造成一种僵局。交际高手在碰到这种情况时，往往能巧妙地化解尴尬，不让美好的气氛受到影响。

上文的例子中，老诗人严阵就是这样的交际高手。当铁凝被美国老人吻了一下，场面变得尴尬时，他巧妙地将美国老人吻铁凝的行为，引申为“吻中国”，博得大家一阵欢笑，瞬间化解了交谈的尴尬气氛。

一个懂得营造、保护交谈气氛的人，才能驾驭住大场面。这样的人在与陌生人打交道时，三言两语就能放松对方警惕的神经，打开对方的心扉，让交谈顺利地进行。当交谈出现意外情况时，他们往往能够随机应变地消除意外带来的负面影响，不让交谈受到中断。那么，他们是怎样营造气氛的呢？我们又能从他们身上学到哪些实用的方法？

（1）先聊些轻松的题外话

与人打交道，尤其是与陌生人打交道，比如，拜访客户时，切勿一开始就讲严肃的、太正式的话题。最好能根据当时的环境，说些轻松的题外话，联络联络感情，拉近拉近距离。比如，有位销售员去一家超市推销新产品，刚巧碰到客户的女儿收到大学录取通知书。他马上递上一支香烟，热情地表达祝贺。见客户很高兴，他才趁机向客户介绍新产品，并建议他先订一些试销一段时间，客户也很爽快地答应了。

交谈的气氛是双方心理和情感的汇合，它对谈话的效果有很大的影响。如果谈话者们的心理和情感一致，那么交谈气氛就会变得轻松愉快。反之，气氛就会紧张或死气沉沉。因此，在交谈正式话题之前，有必要闲聊些轻松的题外话，设法让双方的心理和情感趋于一致。这样后面的谈话才会进展顺利。

（2）来点幽默给交谈加点“料”

每个人都喜欢在充满欢声笑语的气氛中交谈，怎样才能让交谈中有欢声笑语呢？很简单，那就是来点幽默，给交谈加点“料”。通俗地理解，幽默就是来点搞笑的内容，把别人逗乐。想要来点幽默，你必须懂一点心理学。

在对话、演讲等场合，有时会遇到一些尴尬的处境，这时如果你能善用幽默，往往能瞬间消除尴尬的气氛，让大家在轻松愉快的笑声中继续交谈，也让自己从困境中走出来。

英国前首相威尔逊有一次在一个广场上举行公开演说，广场上聚集了数千人。突然，一个鸡蛋从听众处扔了过来，正好砸中了他的脸。安全人员马上下去搜寻闹事者，结果发现鸡蛋是一个调皮的孩子扔的。

威尔逊命令安全人员放走小孩，但突然好像想起什么事情，又叫住了小孩，并当众让助手记下小孩的名字、家庭住址和联系电话。

台下听众以为威尔逊要处罚小孩，变得有些骚动。这时威尔逊提醒大家安静，并向大家解释道："刚才那位小朋友用鸡蛋打我，这种行为是很不礼貌的。虽然他的行为不对，但是身为英国的首相，我有责任为国家储备人才。那位小朋友从下面那么远的地方，能够将鸡蛋扔得这么准，证明他可能是一个很好的人才，所以我要将他的名字记下来，以便让体育大臣重点栽培他，使其将来能成为我国的棒球选手，为国效力。"

威尔逊的一席话，把听众逗乐了，演说的气氛也变得更加融洽。

最早研究幽默的是弗洛伊德，他认为压抑是幽默的前提，这个观点被后来的研究证实了。为了让你的幽默产生预期的效果，你应该在抖出包袱之前，制造一些紧张气氛或严肃气氛。这个过程会让人压抑，然后你突然打破严肃，压抑的人瞬间释放情绪，就会忍不住发笑。

在上面的例子中，威尔逊就采取了这种策略，他先让人记下小孩的名字、家庭住址、联系方式，搞得好像要处罚小孩一样，让气氛变得有些严肃。可之后，解释说要重点培养那个小孩，使压抑的听众瞬间释放情绪，继而忍不住发笑。这说明，在抖包袱之前，做一些或说一些反差较为强烈的东西，更能制造幽默效果。

（3）转移话题，制造轻松气氛

在交际场合中，当双方为某个较为严肃、敏感的问题争论不休时，聪明的人往往懂得回避一下。通过转移话题，用一些轻松、愉快的话题转移双方的注意力，活跃交谈的气氛。比如，两个人为了某个问题争得面红耳赤，僵持不下时，你可以适时说一句：“想把这个问题争明白，比国足赢一场球还难！”这样可以打断双方的争论，让双方的情绪平复下来，使交际活动得以顺利进行。

（4）找个借口，给对方台阶下

有一次，著名演员新凤霞和丈夫举办敬老晚宴，许多著名的文艺界前辈都参加了，年过90岁的著名画家齐白石在看护的陪同下也来了。齐老坐下后，就拉着新凤霞的手目不转睛地盯着她看。看护用略带责备的口气对齐老说：“你总盯着别人看什么呀？”

齐老不高兴了，说：“我这么大年纪了，为什么不能看她？她生得好看。”说完，老人家一脸不悦，弄得场面很尴尬。

这时新凤霞笑着对齐老说：“您看吧，我是演员，不怕人看。”

在场的人都笑了，气氛也缓和下来了。

在这里，新凤霞巧妙地用“自己是演员”为理由，证明齐老看自己是合理的。这样就给齐老以及看护找了个台阶下，让在场的人不再尴尬，也让交际活动正常地进行下去。

重复策略：适时重复对方的话是一种诚意

一天，老板对市场部主管张建说：“小张，你跟设计公司确认一下我们的产品设计参数，督促他们在一周之内将产品样品设计出来。”

张建没有马上去办，而是把老板的话重复了一遍：“设计公司是吧？我们这款产品的参数还是用常规的那套参数吗？”

通过与老板的一番确认，张建了解到了这次任务的关键信息，确保正确执行。同时，还能让老板明白他在认真听他讲话，否则，他是没法重复老板的话的。

人在说话的时候，需要从听众那里得到回应，才能明白自己是否有说下去的必要。最好的回应就是适当地重复对方的话，表达你正在认真倾听，这是给对方的积极回应。

当我们与领导交谈时，适当重复领导的话，既能体现出对领导的尊重，又能与领导确认关键性的信息，确保执行不跑偏。当我们与客户交谈时，适当重复客户的话，既能表明我们认真倾听了客户的需求，又能进一步鼓励客户接着往下说，让客户愉快地表达。

一个好的倾听者，即使对他人的话题不感兴趣，也会不时重复对方话中的关键词，让对方知道你在认真地听，并且对对方的谈话感兴趣。在心理学上，这种行之有效的重复关键词的技巧被称为“反射”。宾夕法尼亚州立大学的心理学家罗帕多埃里克曾做过一个实验：

在与 90 多名大学生进行对话的过程中，工作人员对其中一半大学生发言时的“感情用语”或“关键词”进行了重复。而对另一半大学生发言时的“感情用语”或“关键词”没有进行重复。结果显示，与后一半大学生相比，与前一半大学生的谈话时间要长，谈话次数也多，他们对工作人员的好感也比后一半大学生高出 11%，而且他们很乐意与工作人员谈话。

这个实验充分说明，在交谈中，重复对方话语中的感情用语和关键词，可以激发对方的谈话欲望，让对方对你更有好感。那么，在运用重复关键词的策略时，应该注意什么呢？

第 1 步：找对关键词

用好重复关键词的策略，首先要确保找对关键词。如果你找错了关键词，那么，你的重复往往使人扫兴。

比如，有位朋友高兴地打电话告诉你：“我升职了，当了部门经理！”这个时候，“升职”就是关键词，你应该重复道：“升职了啊，那太好了，恭喜恭喜啊！”如果你重复道：“你啊？就你啊？”那谈话的气氛一下就变了，对方肯定会认为你瞧不起他，认为你在讽刺他。

第 2 步：复制对方的感情色彩

所谓复制对方的感情色彩，指的是对方在谈话中流露出怎样的感情色彩，你就把对方讲话的感情色彩复制过来。对方兴奋地说“我升职了”，你也应该兴奋地说：“升职了啊，真是太好了，恭喜恭喜！”切勿在对方兴奋地告诉你一个好消息时，你不冷不热地回应，那样只会引起对方的不快。

如果对方沮丧地对你说：“真倒霉，刚才开车回家，把新车刮掉了一块漆，要花钱补漆了。”你也应该用沮丧的语气说：“哇，那真够倒霉的，人没事就好，怎么会刮到车呢？是不是路很窄？”切勿在对方沮丧地告诉你一个坏消息时，你高兴地回应，那样会让人觉得你在幸灾乐祸。

第 3 步：大声地附和

通常情况下，当你重复对方话语中的关键词后，对方都会乐意继续讲下去。这时你要做的就是继续倾听，而当他说得尽兴时，你别忘了时不时大声地附和几句。附和他人有两条法则：

① 尽可能地多说，并且要大声点，充分表现出你的热情，激发对方的讲话兴趣。

② 少附和对方讲话的前半部分，多附和对方讲话的后半部分。这样可以避免打断对方讲话，使讲话的气氛不被破坏，让讲话持续下去。

至于附和的用语，最具有魔法效力的是“是啊”“是的，就是那样”“我也是这么认为的”“非常赞同”等表示认同的话。这类话语能让你和讲话者建立起互信的关系，让交谈顺利进行。

当然，你也可以适当地用一些疑问用语来附和。比如，“真的啊？”“怎么回事？”“为什么？”“后来呢？”这类疑问句能表现你的好奇和兴趣，能有效激发对方的讲话欲望。

共鸣效应：寻找共同话题，拉近彼此距离

要想语言交流，首先要有共同的语言，有了共同的语言之外，其次还要有共同的话题，通过交流来了解彼此，消除彼此的恐惧，从而拉近距离。通过观察，我们可以发现，人在一段稳定的时期内谈论的话题多是出于一个主题，对话题的选择是与人的性格、爱好、观念和思维模式相联系的。

沟通中，关键是如何选择话题，然后打开它，使彼此都在这个话题上找到兴趣点。选择恰当的话题是需要技巧的。

比如，现在你遇到了一个陌生人，如何开始交流呢？先对面前的陌生人做初步的判断，性别、年龄、外表、穿着，对此人的性格做出笼统的判断，比如严肃、随和。

判断之后，明确自己此次谈话的目的，并根据对此人的判断和自己的谈话目的，找出恰当的主题。当然，在开始主题之前，“您是哪里人？”“您贵姓？”是一剂良方，对人做出了判断之后，就要通过询问来修正自己的判断。渐渐聊开了，就要寻找彼此的共同点，从共同点上找到话题，谈话成熟后，顺着话题谈到你此次的目的。

初次见面的人，也会分很多情况，比如，业务上的往来，彼此有共同和类似的职业，谈话就很好展开。如果是经朋友介绍认识的，谈论作为中介的朋友，那就是最好的话题了，再由朋友聊到彼此。

无论什么谈话，都要学会做一个听众，而不是夸夸其谈的人，把属于两人的时间一个人给霸占了，这样的谈话多半是失败的。

社会上的人形形色色，各有不同，要和每个人的谈话都做到收放自如、左右逢源，就要知道根据不同的人选择不同的话题。

从性别上来说，女性多温情、感性、细腻、善解人意，她们的话题多是明星、服装、化妆品、感情、爱情和家庭。男性相比女性，多少有些粗心大意、不拘小节、理性、粗犷，所以他们的话题多是社会热点、事业、谈得多了也会涉及美女、家庭、感情。

谈话的作用不仅仅是通过交流来了解彼此，也是发泄的途径，来缓解精神上的压力。所以，同是这两个人，这段时间和那段时间的话题是不同的，比如，工作累了，会抱怨工作的辛苦，盼望着升职加薪；自己支持的球队输了，会抱怨谁谁吹了黑哨，谁谁根本就没表现出应有的水平，谁谁踢人没吃红牌。

谈话主题看似丰富，什么都可以拿来作为茶余饭后的谈资，可是，社会角色总把话题限制在自己的角色之内。如果角色错位，就会弄出笑话。

一个讨饭的人，如果以国家元首的口吻谈论讨饭事业，会让人忍俊不禁。作为女学生，她可能对逛街、减肥和化妆品感兴趣；热恋中的女人，总想知道别人对自己恋人的评价，“我们感情很好”“他很听我的话”就成了她的口头禅；而孩子、老公、吃什么、喝什么、柴米油盐酱醋茶，就是结婚后的女人的话题。

社会角色定位话题，反过来话题也反映社会角色，同时，上面我们说过，小小的动作彰显大性格，对话题的谈论中的动作，也可以看出谈话人的性格、修养、兴趣、品味。

话题选择了，是不是随时随地都可以毫无禁忌地谈论任何话题呢？答案是否定的。公共场合有公共场合的道德规范，私人有私人的空间。

在公共场合，言行举止应符合公共场合的规范，戴着镣铐跳舞，可以准确地形容。

私人空间中，私人总是有喜好的，涉及他人的私人空间，就要在意他人的感受，言行不要去影响到他人的私生活。

信仰是私人问题，而且存在不同的信仰，在公共场合不可以公开说某种信仰好，更不能说某种信仰不好。比如，在公司里，异性的话题一般不能聊，同事之间不能谈恋爱（某些公司规定）。

我们就有过这种例子，当时一个男员工刚刚离婚，再加上当时处于经济危机中，收入也低。

为了寻找感情寄托，和新来的一位女员工热恋了。公司知道后，给了他们两条选择的道路：要么断绝恋人关系，要么其中一人离开。因为处于热恋中，无法割舍这段感情，女孩子被要求和自己爱的人分开，觉得是种侮辱，无法忍受，就主动辞职了。

在约会的时候也有禁忌的话题，你不能在初次约会时就问对方的工资水平、家境贫富、身体有啥毛病，因为这些涉及个人隐私。虽然是约会，但是彼此还没有很熟，彼此都有自己的私人空间，聊天话题不能侵犯到私人空间，否则会引起对方的反感。本想更好地了解，却招来不必要的反感，适得其反。

4.

打靶策略：找准对方的弱点更易说服对方

第二次世界大战期间，美国决定参战，但兵员有限。因此，在全国范围内动员青年服兵役。可是大多数美国青年习惯了安逸的生活，担心上战场会丧命，于是纷纷抵制征召令。其中，俄亥俄州的地方行政长官已经被参谋长联席会议主席训斥了五次。他表示自己已经说得口干舌燥了，根本没办法说服那些懦弱的青年参军。

后来，有人把一位大名鼎鼎的心理学家介绍给他，他便委托心理学家来充当说客。

心理学家经过一番准备，信心十足地来到募兵现场。面对台下人头攒动的青年，他沉默了足足五分钟，然后用浑厚的嗓音对大家说："亲爱的孩子们，我和你们一样，特别珍惜自己的生命。"

青年们见心理学家颇有学者风度，讲话又比较合胃口，便慢慢安静下来。

"首先我要提醒大家，热爱生命是无罪的，因为，我们每个人都只有一次生命。凭良心说，我同样反对战争、恐惧死亡，如果要求我到前线去，我也会和大家一样想逃避这项命令。"

讲到这里心理学家停顿了几秒钟，才又接着说："但是，我也存在另外一种侥幸心理：假如我服兵役，可能只有 50% 的概率会上前线作战，因为也有可能会留在后方；即使上了前线，我作战的可能性也只有 50%，因为说不定我会成为某长官的左右手而留在安全地区；万一我不幸必须扛起枪，受伤的可能性仍然只有 50%；即使不幸挂彩，如只有轻伤也不致受到死神的召唤。因此，我觉得没必要太担心。

"当然，如果受了重伤，或许在医生的帮助下也有可能逃离地狱的鬼门关；就算真的运气不好，如果我不幸为国捐躯，亲人和朋友也将为我感到骄傲，我的父母不但会受颁一枚最高勋章，还可得到一笔数量可观的抚恤金和保险金，邻居小孩子们会觉得我是英雄，把我当成偶像来崇拜。而我，一位伟大的战士也进入天堂，来到慈祥的天父身边，说不定还会见到万人敬仰的华盛顿将军。”

心理学家的讲话结束后，本来那些极力抗拒上战场的青年，纷纷表示愿意赌一赌。或许他们想当英雄，或许家境不好，想着万一为国捐躯，家人能领到抚恤金和保险金。

“劝人去送死”，这似乎是不可能成功的。但心理学家抓住了青年们的心理弱点，成功地说服了他们。由此可见，说服他人还得抓住对方的弱点，知道对方惧怕什么，知道对方渴望什么，再有针对性地去说服才可能奏效。

很多人都以为，说服高手肯定口齿伶俐、能言善辩。事实上，能言善辩者不一定擅长说服，说服一个人，关键是了解他人的弱点。

美国联邦调查局有位专门测试罪犯人格和心理的探员，多次击溃了重大罪犯的心理防线，因而侦破了不少重案、难案。

当记者采访他时，却意外地发现，他竟然不善言辞。他话很少，但说话时措辞很精准、很有力量。他告诉记者，他不善于争辩、辩论，但善于盘问罪犯。因为盘问罪犯的关键是提问精准，同时洞察人心，靠的不是口才，而是攻心策略。

在谈判和说服中，你的话就是子弹，对方的心理弱点和需求就是靶心。如果你瞄不准靶心，或根本没有看到靶心，尽管你妙语连珠，说话像机关枪一样扫射，那也只是白白浪费子弹。而谈判高手则不同，他们就像狙击手，只要一颗子弹，就能正中靶心，把猎物收入囊中。那么，怎样才能实现攻心呢？很简单，只要找出对方恐惧的症结所在，或满足对方的需求，你就可以轻松达到说服的目的。

5. 安抚策略：懂得安慰人才能获得他人信任

毕业于名牌大学的志强进入了心仪的公司，按理说应该春风得意，心情很好。可是最近他很烦恼，不是公司领导不好，也不是福利待遇不好，只是所在的科室有位老前辈的言行让他感到不安，不知道该如何应对才好。

老前辈是公司的元老级人物。眼看着公司录取的新人学历很高，证书、红本儿很多，工作热情、干劲儿十足，他觉得很有危机感。见着一个同事就忧心忡忡地说："我学历不高，该不会成为下一批裁员名单中的一员吧？""我也不怎么会计算机，连查个资料都费劲，这该怎么办呢？""我不会唱歌也不会跳舞，元旦晚会我不知道出什么节目啊！"

女朋友得知志强面临的烦恼后，就给他支了一招。再次见到老前辈抱怨时，志强就会去安慰他："大学生没什么了不起的，我都后悔上大学，你不知道啊，在大学里也没学到什么，全是玩过来的，我觉得虚度了四年光阴。""工作经验比黄金都重要，你这几十年的工作经验，够我学一辈子的，以后还要仰仗前辈指导啊！"在志强的一番安慰下，老前辈的心情舒坦多了，对志强也越来越好了。

当一个人向你暴露他的弱点时，如果你只是倾听或复合一声"嗯""对呀""真是的"，对方心里肯定不会舒坦。要知道，人在向别人倾诉自己的缺点、苦闷和不幸时，他并非完全认可内心的这些负面情绪——他之所以会找你诉苦，其实是有一些目的的。

心理学家研究说："不自信的人往往希望在别处寻得自信。"当一个人拿着自己的缺点、不幸和你喋喋不休时，他很可能是在向你寻求安慰和自信。这个时候，你不妨迎合他的心理，给他想要的安慰。

在上面的例子中，志强面对老前辈的诉苦，采取的是“比惨”的安慰策略，即你说你很惨，我比你还惨，让对方了解到你更弱的地方，反衬出对方的弱点不足挂齿，帮对方找回自信心。比如，女同事说她身材不够美艳动人，你可以安慰她：“健康比身材重要，我曾经为了减肥饿坏了胃，至今还时不时地胃痛呢！”

人的一生难免遇到坎坷，遇到不顺心的事情、身处逆境、面对不幸时，当事人不仅需要坚强去面对，也迫切需要旁人的安慰。给予不幸者以真诚的安慰，是为人处世的一种美德。然而，怎样安慰才能驱散不幸者内心的阴云呢？这其中是有大学问的。

生活中，有些人好心去安慰别人，却没达到安慰人的效果，反而让别人更难受。比如，有人生病了，朋友安慰道：“你看你！天冷不知道添衣服，现在好了，感冒了吧，你的体质太差了，你看我就没事！”这不叫安慰，这叫雪上加霜。

再如，有人股市失利，朋友安慰道：“早就劝你别炒股，就你这智商能炒股？这要是能赚钱，那谁还去辛苦工作啊！这下好了，赔光了吧？赔了也不是坏事，至少你可以安心地工作了。”这哪叫安慰，这分明就是在伤口上撒盐，还有点幸灾乐祸的味道。

不懂安慰人的艺术，不仅达不到安慰人的效果，反而会伤害别人，最后影响自己的人际关系。所以，一定要注意安慰的技巧，切勿胡乱安慰，以免弄巧成拙。下面，我们就来看看常见的几种错误的安慰方式，提醒自己千万不要再犯了。

错误安慰 1：揭短型安慰

嘉明的语文考试成绩不理想，心情很沮丧，同桌柳飞安慰道：“你难过什么？你的数学成绩可能比这还惨呢？好好复习吧，明天还要考英语呢！”也许柳飞不是故意揭短的，但她的安慰会刺痛嘉明的心。试问，嘉明听了这话，还能好好复习吗？

错误安慰 2：添堵型安慰

同事体检时发现肺部有不明阴影，医生嘱咐他去医院复查。当他把这个情况告诉给周围同事时，一位同事说：“我们小区有个人开始也是这种情况，后来检查出来是肺癌，你要当心啊，赶紧去检查吧！”试问，这是安慰还是恐吓呢？这样安慰只会让被安慰者更加忧虑、恐惧，这不是凭空给人添堵吗？

错误安慰 3：徒增懊悔型安慰

有个人不慎丢了钱包，里面有 1000 多元现金。同事开玩笑地安慰道：“还好，你仅仅是丢了两个月的香烟费，大不了两个月不抽烟，把它省回来！”这种调侃固然能制造轻松的气氛，但它把懊悔象征化的说法，会使人心中大为不快。

错误安慰 4：泼冷水型安慰

某公司有个程序员，连续一个月熬夜加班创新一个软件，结果人熬出了病，还没有成功。公司领导派同事去看望，同事安慰道：“你看你眼睛都熬肿了，我看还是算了吧，干吗那么卖力呢？有那个闲心还不如睡觉呢！”这番话听起来似乎是在安慰，但细听却让人觉得不是滋味，伤人自尊。这种安慰就像泼冷水，给人的不是鼓励，而是冷漠。

错误安慰 5：怜悯型安慰

安慰他人时，切忌说一些消极沮丧的话，尽量不要当面说“可怜”“造孽”等怜悯性的词语。因为这类词语只会令人更加伤悲，而且把“可怜”“造孽”等词挂在嘴边，仿佛是在欣赏和咀嚼人家的痛苦。

好了，不当的安慰还有很多，就不再进行介绍了。通过这些不当的安慰，我们大概也能明白应该怎样安慰他人。下面，我们就提供几条正确安慰人的原则。

（1）提出帮助

最好的安慰是什么？不是花言巧语，而是实打实的帮助。比如，去医院看望病人时，要尽量实际一点，也要尽可能积极一点。直接对病人说：“你别担心家里，要我做点什么，你尽管说！”这比说一大堆关心的话更能安慰人心。

（2）避谈自己

在安慰人的时候，最好不要谈论自己曾经类似的不幸。比如，朋友人去世，陷入了悲痛，你却安慰道："我也碰到过这种事情，我一位亲人去世，我整整三个月没有睡好觉，太难受了！"对待痛苦每个人的承受力不同，切勿把自己的处事态度强加给别人。

（3）克制情绪

人家遭遇了不幸，已经是悲痛万分，你去安慰人家，却因控制不住情绪，而大哭起来。人家还要反过来安慰你，这就颠倒了角色。虽然你的情感很真挚，表现得很真诚，但是达不到安慰人的目的，所以，一定要控制好情绪、克制好情感。

（4）默默陪伴

有时候安慰人并不需要语言，默默地陪伴，也许是最好的安慰策略。比如，轻轻握住对方的手，给对方一个拥抱，认真倾听对方的诉说，点头回应对方，帮对方擦去眼泪，给对方做饭……这样的耐心陪伴最能给对方力量，帮对方走出悲伤。

化敌策略：突破心理防卫，化解对方的敌意

戴恩是一位经营砖瓦买卖的商人。有段时间，他的竞争对手桑德恶意诽谤他，到处散布有关他的谣言，说他的砖瓦质量不好，说他的公司欺诈客户。这让他失去了很多生意，因此，他非常愤怒，想找个机会报复桑德。

这天早晨，戴恩去做礼拜，牧师讲，要施恩于那些故意为难你的人，化敌为友才是上策。戴恩听了牧师的话，感到非常矛盾。一方面，牧师所讲的话他确实认同；但另一方面，桑德的行为太卑鄙，给他造成了很大的损失，让他难以原谅。

当天下午，戴恩得知宾夕法尼亚州有位客户正在建造办公大楼，他需要的砖型自己公司不生产，而竞争对手桑德的公司生产。戴恩纠结了很久，最后还是拨通了桑德的电话，并很礼貌地告诉他有关宾夕法尼亚州的那笔生意。结果，桑德很感激戴恩，他为之前的诽谤行为向戴恩道歉，请求戴恩原谅。

戴恩成功化解了桑德的敌意。从那以后，桑德不但停止散布有关他的谣言，而且还把他无法处理的生意介绍给戴恩。慢慢地，两人不仅成了生意上的好伙伴，还成了生活中的好朋友。

在生活和工作中，我们可能因为一时不当的举动而树敌。比如，交谈中说错了话，得罪了别人，也可能别人本身就看我们不顺眼，毫无缘由地与我们为敌。无论面对哪种敌意，想要将其化解，必须突破对方的心理防线。怎么突破呢？最有效的策略就是以德报怨，用善意化解敌意。

很多人面对他人的敌意时，往往想着以暴制暴，让对方屈服。其实，设法化解他人的敌意，把敌人变成朋友，才能从根本上消除敌人。

一次，有位议员批评林肯总统对待敌人的态度：“为什么要试图跟他们做朋友呢？你应该试图去消灭他们。”林肯温和地说：“难道我不是在消灭我的敌人吗？特别是当我使敌人变成朋友的时候。”

把敌人变成朋友是一种高深的做人艺术，也是高深的说服策略。但是，如果你用语言去说服别人放弃对你的仇恨，转而和你交朋友，那几乎是不可能的。而当你以德报怨，用爱去回应他人的敌意甚至是伤害时，会让对方的心灵受到强烈的震撼，使之为自己的不当行为心生惭愧。如此，才是对他人最好的驯服。

《孙子兵法》上提道：“不战而屈人之兵。”用充满善意、温柔的方式去代替摩拳擦掌、明争暗斗，更能体现出我们的修养和德行。具体来说，我们可以通过以下几种方法去化解他人的敌意。

（1）勇于承认自己的不对之处

别人为什么对你有敌意？这是你需要反省自己的地方，也许你做了不当的行为，无意中伤害了别人。对于自己的不对之处，你应该勇于承认，不要害怕承认错误，不要以为承认了自己的不对之处，会被人看不起。其实，勇于承认自己的不对之处，往往能使敌视你的人闭嘴，而且还会赢得他的尊敬。

（2）关注对你有敌意之人的兴趣爱好

想让对你有敌意之人不再对你有敌意，而是对你有好感，愿意成为你的朋友，最好的办法就是关注他的兴趣爱好，并设法和他玩到一块儿去。

比如，你发现他喜欢打羽毛球，那你也接触羽毛球，等到一定的时候，你约他打球，并扬言能打败他。实际上你的球技不如他，结果，你输得很惨。输完了，你对他表示敬佩，承认你与他的球技有很大的差距，还说要拜他为师，向他请教打球经验。

如果你能做到这些，那这个人对你的敌意肯定就烟消云散了，并且觉得你很有意思，愿意与你交朋友。

（3）对于威胁性的问题不要去理会

当一个人对你有敌意时，这种敌意在言谈之中你能明显地感觉出来。比如，他会很轻蔑地质问你：“你以为你是谁啊？”还会很不友好地反问你：“难道你从来就没听过什么叫预警方案吗？”这些顶撞你的话，会让你很不舒服。很多人听了这些话会忍不住生气、愤怒，如果你也这样，那对方的目的就达到了。

聪明的人面对这类问题时，通常不会带着感情色彩去回答他们，甚至根本就不会回答他们。他们会呵呵一笑，甚至装作没听见，好像对方嘴里从来就没有说出那些刺耳的话一样。这样，对方就没有机会对你破口大骂，慢慢地，他就不再使用这招来激怒你了。这既是一种做人的胸怀，也是一种应对敌意的智谋。

（4）让对你有敌意之人知道你非常需要他

被人需要能激发一个人的价值感，能在很大程度上调动一个人的积极性。哪怕对方对你有敌意，一旦知道你需要他，也会从心底萌生出一种自豪感，继而减弱对你的敌意。所以，当你发现有人对你有敌意时，你可以利用这一招去满足对方的自尊心，对方一高兴，就不会再处处针对你了。

比如，同事对你有敌意，那你可以主动向他请教工作上的问题，征询他的意见，充分表现出你对他的尊重和需要。慢慢地，他对你的敌意就会消失，说不定你们还能成为朋友。

沉默策略：适当保持沉默更有力量

爱迪生发明自动发报机后，打算把这项技术卖掉，以便有资金建一个实验室。但他不了解市场行情，不知道这项发明能卖多少钱，就和夫人玛丽商量。

玛丽也不清楚这项发明成果究竟值多少钱，两人都为定价的事情发愁。后来玛丽一咬牙，说："要不就报价 2 万美元吧！你想想看，建一个实验室至少要花这么多钱！"

爱迪生吃惊地说："2 万美元？会不会太多了？"

玛丽见爱迪生犹豫不决，就说："要不这样，我们在卖的时候先别说价钱，让买家开价，再做决定！"爱迪生觉得这个主意不错。

有位商人听说爱迪生打算卖掉自动发报机的制造技术，主动上门询问价钱。但爱迪生始终沉默不语，商人催促了几次，爱迪生还是不说价。最后，商人忍不住了，就说："我开个价吧，10 万美元，你看如何？"这个报价大大超出了爱迪生的预期，他大喜过望，毫不犹豫地和商人达成协议。

后来，爱迪生对妻子开玩笑说："真没想到我就晚说了一会儿话，就多赚了 8 万美元。"

沉默虽然无声，但有时胜过有声的语言说服。在谈判中，恰到好处的沉默是一种谈判艺术，在心理学上，这叫沉默战术或沉默策略。

有时候，沉默能给人心理暗示，能透露出你的心声。比如，在与人交谈中，当你感到对方的讲话枯燥乏味时，你沉默不语，或开始玩手机，或随便翻弄报纸。这就是在暗示对方你不想继续聊下去，早点结束谈话吧。

有时候，沉默能给人制造悬念和疑问，让人捉摸不透。比如，爱迪生的沉默就让商人感到不知所措，他以为爱迪生会报价很高，于是在催促几次无果后，按捺不住，还是先报价了。这让原本很被动的爱迪生占据主动，获得了一笔意外之财。

提到说服，很多人往往以为说服就要能言善辩，殊不知，沉默是很有效的说服策略。接下来，我们就来简单介绍一下在谈判和说服中，如何运用沉默策略。

（1）当你不了解对手时，最好先沉默并观察对方

面对陌生的交谈对象，你对他一点都不了解，这时你最好不要说话，微笑地看着对方，认真地听他说话，适当地点头回应，并附和对方的话。在这个过程中，观察对方的行为举止和话中的意思，能让你找到更有价值的线索。

（2）当对方的话让你不舒服，当你感到愤怒时，也可以用沉默来应对

在交谈中，当对方讲了一些不当的话，让你感到受伤害，甚至让你感到愤怒时，你可以用沉默来表达这种情绪。比如，瞪眼看对方，面露愤怒神情，再配合肢体上相应的动作，给对方威慑，让对方明白你已经很愤怒，不能再有过分的言行了。

（3）当谈判形势对你不利时，你可以采取沉默策略应对

沉默可以是在谈判的一开始就运用，像爱迪生那样。也可以在谈判中，当你感到形势对你不利时运用。比如，对手了解到你的产品情况，提出了一个几乎触碰你底线的产品报价，而且表现得非常自信时，你可以用沉默来应对。而且要尽可能让对方感到他的判断是错误的，你对他的判断感到十分无语。这样对方可能会怀疑自己误解了你，从而推翻自己的判断，做出让步。

拉拢策略：把对方变成自己人的心理策略

《福布斯》杂志曾做过一个调查，发现语言中最重要的5个字是：“我以你为荣！”语言中最重要的4个字是：“您怎么看？”语言中最重要的3个字是：“麻烦您！”语言中最重要的2个字是：“谢谢！”语言中最重要的1个字是：“你！”那么，语言中最次要的一个字是什么呢？调查结果显示，这个字是“我”。

然而，在现实生活中，“我”字恰恰是人们最爱说的。因为人是带有强烈主观意识的动物，绝大多数人总是最关注自己，也渴望被别人关注和称赞。因此，言谈之中永远避不开“我”字。但是，如果你想赢得别人的好感，获得一个良好的人际关系，就必须改掉满嘴说“我”的毛病，多说“我们”，以拉近与他人的关系。

经常看到记者这样采访：“请问我们这项工程进展情况怎么样？”或者“请问我们公司今年的业绩如何？”经常发现演讲者这样讲话：“我们是否应该这样”“让我们……”作为听众，你不妨细细体味一下这种表达方式中的含义——是不是会让你觉得和对方的距离拉近了？觉得对方讲话亲切？因为在心理学上，“我们”这个词代表了“你也参与其中”，会让人产生一种参与意识，让听众觉得你是自己人。这就叫拉拢效应。

比如，你说“我们最好再作更深一层的讨论”，代表你也会参与深一层的讨论，这样就会缩短你与听众之间的距离，使气氛活跃起来。反之，如果说“你们必须马上解决这个问题”，那意思就是：我与此事无关，解决这个问题是你们的事。这样就拉开了讲话者与听众的距离，无法使听众与讲话者产生共鸣。那么，怎样发挥拉拢效应，才能把对方变成自己人呢？

（1）用“我们”代替“我”

在大多数情况下，可以用“我们”“咱们”等复数的第一人称代替单数的第一人称。比如，“为了完成这次任务，我希望你们努力去行动。”可以改成“为了完成这次任务，我们一起去努力吧！”这样说话就能使对方觉得与你的距离近了，有利于彼此情感的交流。

（2）能不说“我”尽量不说

亨利·福特二世曾经说过：“一个满嘴是‘我’的人，一个随时随地‘我’的人，一个独占‘我’字的人一定是一个不受欢迎的人。”的确，在人际交往中，“我”字讲得太多，会给人一种突出自我、标榜自我的不良印象。会说话的人，在与人说话时，往往会尽可能避开“我”字。

比如，“最近，我做了一次关于客户满意度的调查统计，（我）发现50% 以上的客户对公司的服务有不满情绪，（我以为）这些不满情绪的产生原因主要是服务态度不好、服务不及时等，（我想）我们是不是可以……”在这段话中，除了开头一句中的“我”字，其他的“我”字（即括号里的字）都可以省去。这样不仅整段话显得简洁明了，还能避免“我”过多引起他人的反感。

（3）说“我”时别忘了说“你”

当我们说完自己的观点，介绍完该介绍的情况时，最好询问一下别人的态度和观点，比如，“你对这个问题有什么看法呢？我想听听你的意见！”这样，一来可以表示你重视对方，二来还能听到另一种观点，有利于你集思广益。

（4）该说“我”字时要不卑不亢

少说“我”不代表不说“我”，在某些必须说“我”的时候，你应该保持不卑不亢的态度。既不要扬扬自得、眉飞色舞，也不要低声细语、畏畏缩缩，否则会让人觉得你清高自傲，或让人觉得你信心不够、底气不足，不利于你个人形象的建立。

三、说好场面话，做个八面玲珑的社交达人

我们总会遇到各种场面，
有的一片祥和，
有的剑拔弩张，
有的气氛尴尬……不管什么场合，
都需要一个会说话、会办事的人，
才能掌控社交局面。
如果你成为这样的人，
你就能在人际交往中如鱼得水、
八面玲珑。

说场面话要让每个人都脸上有光

俗话说：“有人的地方就有江湖！”怎样在江湖上行走？广结善缘才能左右逢源，这个时候说好场面话是行走江湖不可或缺的秘籍。

各个场面有各个场面需要说的话，这种话并不代表你内心真正的想法，也未见得真的合乎事实，但是即便是众人都知道这话说得并不符合现实，却由衷地感到高兴。

昨天参加一个会议，主题枯燥，会上的人也不怎么活泼，给人的气氛就是死气沉沉。等到主持人介绍几位据说是某行业泰斗的教授的时候，几乎没有人鼓掌，那场面简直尴尬透了。说实话这几个所谓的泰斗我反正是没有听说过，名不见经传就对了。这几位泰斗有没有泰斗的学问我不知道，但是的确有泰斗的脾气，看见大家的样子，都有点不悦，无论主持人怎么暖场，泰斗们的脸色始终阴沉。

这个时候，主持人指着我说：“嗨，你说两句吧。”主持人是我的哥们，知道我擅长搞笑，他的意思是让我救场。我站起来，先对着几位泰斗点头致意，然后说：“说实话，我很不想站起来，因为我小时候并不是好学生，见到老师下意识就会紧张。现在在座的您几位，是老师中的老师，更让我紧张不已。我不敢说话，不敢动作，总是有将手背到身后的冲动，我想在座的诸位都有我这样的想法。”话音未落，明显看到这几位泰斗脸色和悦不少。

可以说在处世中，要想将矛盾扼杀在摇篮里，稳中求安，安中求通达，场面话就不可避免地要说，而且有两种场面话要特别地多说——不靠谱但是不离谱的赞扬话，还有不能马上兑现的承诺。

这样的场面话从某个角度上能满足人的心理需求，心理学认为：自尊是一种精神需要，是人格的内核；维护自尊是人的本能和天性；被尊重的欲望是人类天性最深刻的冲动，照顾人尊严的场面话就格外的受人欢迎。

可是一家十五口，七嘴八舌头，本来就是众口难调，又如何能把一番话说得面面俱到呢？

（1）找到立足点

说话能圆场面，是场面话的上乘功夫，说话圆不仅能左右逢源滴水不漏，还能变通关系融合气氛。但是画圆的时候，都要有一个圆心，立足这个圆心，才能画好这个圆。

美丽的好友结婚，美丽作为伴娘也出现在婚礼上，出于经济条件考虑，好友的婚礼一切从简。两人家离北京都很远，打算回家后再补办一个婚礼，这次请的人大部分是同事，更多的是新郎的同事。

因为一切从简，美丽这个伴娘赶鸭子硬上架成为司仪。怎么样才能照顾大家的情绪，将这场婚礼主持得别开生面不落窠臼呢？美丽想，既然大多数人都是新郎的同事，而新郎是做程序开发的，美丽灵机一动，大大方方上台道：“今天，我最好的朋友将嫁给一位程序员，我深深地为她高兴，为什么呢？因为嫁给程序员好处多多啊。”

台下的人都瞅着美丽，美丽接着说：“首先啊，程序员工作紧张学习紧张，我的好友根本不会担心外遇问题；其次，程序员哥哥都是计算机高手，现在工作都使用计算机，有个计算机高手在身边，得省下多少修计算机的钱啊？最后，程序员都是长期持有型成长股，大家看无论是世界首富还是中国首富，最多的都是做IT的，也许我的朋友就这样一不小心成为亿万富翁的老婆。”美丽的场面话，赢得了满堂彩。

其实程序员有没有美丽所说得那样好，大家不清楚，但是当满堂都是程序员的时候，所立足的圆心便是对他们行业的尊敬，在赞美行业的同时抬高了从事这种工作的人。说好场面话的第一要务就是选好点。

（2）没有立足点，自己画个立足点

美丽的故事还是有特定性的，生活中我们打交道的是形形色色的人，满屋子都是程序员的情景并不是很多见。这个时候，说话的立足点怎么找，场面话才能圆？

人际关系的复杂性决定了说话不可以以一种一成不变的方式达到效果，比如做客的时候就要盛赞主人家装修豪华、菜肴精美；参加会议，便要夸赞这次会议准备周详，参会人物个个是人中精英；参加婚礼，就要称赞新郎新娘郎才女貌。人的地位有高低之分，人的习惯大相径庭，但是人都会有其共通性，就是都喜欢听好话。

娟子去参加酒会，里面的人是形形色色啊，有真正的上流社会的成员，也有白手起家的草根，有的珠光宝气，也有的居家常服。

娟子看这些人颇有几分鱼目混珠之感。这不，遇见一个拿鸡尾酒豪饮的人，娟子看他尽量不让自己的诧异表露出来，那人看娟子看他，似乎也有几分不好意思，喃喃道："这样习惯了！"娟子微微一笑，并没有像别人一样给这人一个大白眼，而是说："大碗喝酒，方显英雄本色嘛，甭说酒了，就算是中国名茶碧螺春，喝的时候也要用斗笠大碗呢！"男人且惊且喜，同娟子攀谈起来，娟子这才知道这个看起来粗鄙不堪的人原来是一家大企业的CEO。

说实话，娟子心中也觉得牛饮鸡尾酒并不好，她说的只是场面话，但是她的场面话中浅浅的恭维，让对方很开心。

（3）善用承诺，畅通无阻

同说好话一样，在场面话中，不可避免的承诺总是必不可少，所谓"练好嘴上功夫，畅通人生之路"。越是交际的场合，不可避免的承诺，即便是应付，也是表态，这样才能畅通无阻，前后无敌。

林祥的性格，方凿圆枘，丁是丁，卯是卯。他觉得人活得累的最大一个原因就是要不断履行自己的承诺。网络上不是也说么？之所以这么玩命地努力，不过是要实现小时候吹过的牛皮。所以他不管什么场合，都不会轻易地答应什么。

这天老同学聚会，大家相谈甚欢，当年的班长拍了拍林祥的肩膀说：“哈，小子，现在出息了。怎么样？哪天咱们哥俩再好好地喝一杯！”

“我最近都没有空，不能去啊！”林祥立刻拒绝，这也是实话，他最近在忙一个项目，参加同学聚会实在是挤出的时间，可是不知道为什么老班长的脸就阴沉下来。

后来，林祥又联系几次老班长，想出来聚聚，老班长不是说忙，就是冷冰冰地说没有空。

在人际交往的过程中，总是难免说些日后不会实现的承诺，老班长的意思也并非是真心实意想要请林祥，林祥完全可以虚应下来，当面没有任何回旋余地的拒绝，难免让人觉得高不可攀。

由此可见，场面话可不是简单的“嘴上功夫”，它的杀伤力不可小觑。说好场面话，那么你就是场面上受欢迎的人，对你的人际关系必然有很大的帮助；如果你不会说场面话，那么在话不投机半句多的情况下，你的交际局面会成什么样子？可想而知。

2. 道歉话不在多，而在于诚意有多深

道歉并不是件多么容易的事情，尽管可能我们真的有错，但是众目睽睽之下，光天化日之中，向他人低头，难免不好意思，所以我们都希望道歉能够速战速决，不要影响我们的工作和生活太多。

在人际关系中，总会遇到需要道歉的场面，你会发现，很奇怪，有的人好话说了一箩筐，但是丝毫不奏效，对方不仅不原谅他，而且矛盾加深了；有的人说话不过寥寥数语，但是就这样轻而易举地被原谅了。

那些擅长道歉的人即使是工作上出现失误，或者是生活上惹来麻烦，都能很容易地将其化解，反而能使事情取得进展；而那些不擅长道歉的人，会因为一丁点的小矛盾道歉后没有得到谅解，滚雪团一样接踵而至的是越来越多的麻烦和困惑。

那么，怎样道歉才是卓有成效的？别忙，看看下面的例子。

曾经代表英格兰男子足球队出征2010年南非世界杯的球星鲁尼，在妻子科琳怀孕5个月的时候，同“一夜春宵”收费1200英镑的珍妮保持亲密关系。甚至在一次聚餐过程中，醉酒后的鲁尼当着队友欧文的面与珍妮耳鬓厮磨。

种种丑闻浮出水面，已让科琳无力招架，鲁尼也曾经向科琳表示道歉，但是科琳并不接受。为什么不接受？鲁尼夫妇的一位密友的话可能就是答案：“鲁尼没有当面道歉，却通过短信请求科琳的原谅，这就像天气预报邮件一般简易。他的道歉太过含糊不清，为此他将有可能失去儿子。”

鲁尼的道歉缺乏诚意，而缺乏诚意的道歉，更像是火上浇油一般，更易激发对方的怒气。所以道歉的话不一定多，但是一定要有诚意。那么如何让我们的道歉听起来不是敷衍呢?

（1）道歉，请勿寻借口

谁都不喜欢道歉，道歉证明我们错了，再多的借口再多的理由也改变不了我们错了这个事实。当你道歉的时候，再把借口和理由掺杂其中，被道歉的人肯定会怀疑你道歉的诚意。这不，湖南卫视的当家一姐谢娜就犯了一个这样的错误。

2007年谢娜在参加湖南卫视《舞动奇迹》的时候，因为不满评委周志坤批评其舞蹈没有节奏，与之发生小争执，虽然被救场，但是似乎谢娜余怒未消。现场镜头切换到谢娜面部特写的时候，她先是低头不语，抬起头来露出一脸不悦，最后翻白眼甩手走人。

事后，谢娜写博客道歉求原谅，题为“对不起，我错了，请大家原谅”。该篇博客中说道：“事后回想，周老师今晚的评语，是非常专业的，他指出我的缺点和不足。但是，我付出的努力没有被评委认同，我心里背负着这么多人的期许，却没有为大家实现，这让我感到委屈和沮丧，一时没有控制住自己的情绪。现在，我要为自己的不当行为对大家表示诚挚的歉意，也希望得到电视机前观众朋友们的谅解。”

谢娜的道歉并没有被广大观众所接受，因为谢娜道歉的同时把错误的原因说得过多，更像是在辩解，这种附带理由的道歉，显得丝毫没有诚意。

（2）道歉，不能无限延长

有的人虽然承认自己做错了，但是是在证据确凿的情况下或者不得已的情况下的道歉，让人产生这样的怀疑：如果情况有所缓和，如果情势不是这样危急，他会道歉吗?

绵羊音曾轶可，被广大观众认可的地方也许正是觉得她是一个少不更事的天真的孩子，所以观众们容忍了她的跑调和吐字不清，但是曾轶可的

《狮子座》被爆料抄袭《天际》的时候，大家再也无法淡然了。

身陷抄袭门的曾轶可犹然辩白："那有可能是另一个我！"随后出现的事实让曾轶可哑口无言，专家鉴定《狮子座》抄袭，力挺曾轶可的高晓松也说这两首歌相似度极高。这个口口声声《狮子座》是原创的人，终于流泪向大家道歉。

曾轶可流泪道歉，也许悔恨是真的，也许道歉是有诚意的，但是观众并不买账，在这种情况下的道歉，只能让观众进一步怀疑，如果《狮子座》没有被证明是抄袭，她还会隐瞒多久？道歉就是这样，最有诚意的道歉总是最及时的，心不甘情不愿的道歉，让人觉得道歉者本人被压力胁迫，缺乏的是最根本的诚意。

（3）道歉，最忌内容空洞

"对不起，我错了"，六个字极其的简单，任谁都可以说，但是错在哪里，没有表述出来，而且"抱歉""对不起"更像是一种社交礼仪，比如，飞机上的空姐，总是将"对不起"挂在嘴边。而真正的有诚意的道歉，内容具体有针对性，让人一眼就能明了对方知道错在哪里。

因性丑闻而名誉扫地的美国著名高尔夫球名将老虎伍兹，在接受美国电视机构的专访的时候，在短短的五分钟专访中，老虎伍兹重复又重复他以前的道歉声明："我过去一直生活在谎言里，做了不少非常错误的事情。"

本来老虎伍兹接受专访并再度道歉，是为了复出做准备，但是他当天简单的专访，让人对他的道歉诚意产生了极大的怀疑。他并没有透露出人们所关心的"车祸门"的真相和性丑闻的内幕，也没有说明和妻子的离婚真相以及治疗性亢奋的进展，四两拨千斤地把所有问题都轻描淡写地用"我错了"一言带过。内容空洞，自然无法让人信服。和科比当年"强奸案"的道歉感动科太到潸然泪下的情景大相径庭。

（4）道歉，切忌言行不一

有的时候，也许对方的道歉言辞确实能够打动我们，但是对方接下来依然我行我素的行为依旧让人寒心。或者事先是很有诚意地道歉，而后又推翻了这种道歉，这种道歉是最让人觉得缺乏诚意的，进而让我们对道歉人的人品和素养也产生了怀疑。

超女何洁就犯过这样的错误，她在湖南卫视《节节高声》栏目中公开承认隆鼻，随后向盒饭（即何洁粉丝）们就自己坚持说没有整容的欺骗而道歉，但是随后又在同月月底长春录制节时“翻了案”，并且大呼冤枉，说自己真的没有整过容。

道歉后，推翻自己的道歉，欺骗的是接受道歉的人，不仅让人认识到对方没有认识到自己的错误，而且有变本加厉的势头。

3. 想要解决纷争，“动口”远胜动手

人际交往中，纷争是最难以避免的一件事。三个女人就能凑成一部大戏，那么生活中、工作中，我们都是大戏的参演者，各有各的个性，各有各的脾气。

有的时候因为点鸡毛蒜皮，有的时候是因为利益驱动，有的时候因为羡慕嫉妒恨，有的时候干脆就不因为什么，纷争就这样爆发了。

你会怎样做？刀剑相向还是拳脚相加？打算以血还血，以牙还牙？在肢体冲突爆发后，从此以后形同陌路，遇见也是冤家路窄，把当时的纷争重新上演一遍？

上海电影节的开幕红毯和酒会结束后，刘烨和几个朋友在路边打车，这时候有一个老外也在打车，双方发生了点争执，不知道是不是因为老外喝醉了，向刘烨骂了几句脏话，刘烨挥拳打了过去。对于这次冲突，刘烨在博客中特别地发布文章表示打架不对，决心不再做和青春期有关的事情。

由此可见，轻易莫动手。对待冒犯你的陌生人，动手尚能理解，如果把这个人换成和你血脉相连的亲人，换成抬头不见低头见的邻居，换成给你发钱让你养家糊口的顶头上司，换成同你胼手胝足打拼的同事，你这拳头还能轻易挥出去么？

如果简单粗暴是解决问题的最好方式，那么就没有“君子动口不动手”的这句老话。更遑论，我们的“动手动脚”极有可能引发心理学中的海格力效应，海格力效应就是人际间或者群体间存在的冤冤相报。这个心理学效应想要告诉人的是，仇恨和矛盾，如果你忽略它化解它，也许它就会消失，如果你与它过不去，加恨于它，它就会加倍地报复。

可是，当我们在生活中遇见纷争的时候，该怎么办呢？

（1）制冷

当你发现你同你的亲戚、朋友、同事、配偶处于激烈的争论中，彼此都是脸红脖子粗的时候，那么这个时候，你该做的不是四处找趁手的兵器，而是离开一段时间让自己冷静下来，问问自己，这到底是谁的错？这错误是怎么发生的？哪种方式才是真正的解决之道？深呼吸，想想对方的好处，并且告诉气冲牛斗的对方，你稍后再同他对这个问题进行讨论。

在教育孩子这方面的分歧，足可以爆发一场家庭规模的战争。卢若看见婆婆用大人的勺子喂宝宝，赶紧说："妈，别拿大人用的勺子喂宝宝，大人嘴里有许多细菌，会传染给孩子的！"

婆婆不以为然："这是我喝汤的勺子，我又没有病，怕啥！我三个孩子都是这么带过来的！"

"书上是这么说的，我们应该讲科学！"卢若想说服婆婆。

"书上说的就对吗？"

婆婆扔下勺子，两人就这样开始了争论，婆婆越说越伤心，卢若越说越委屈，就在这时，卢若忽然问自己："我这是干什么？这要是让先生知道了，他该多为难啊！"卢若立刻说："妈妈，先等下咱们再讨论，先给孩子喂完饭，瞧，他都饿哭了！"

卢若的聪明之处在于，先让场面冷下来，热战之热在于不断升温，及时制冷，巧妙地将热战的概率降低。这样制冷的语言，能让纷争暂时降到一个安全点。

（2）取舍

制冷的效果只是一时的，矛盾的源头还在，纷争的原因还没有真正地解决。扪心自问，这场纷争的原因到底是因为什么？你们之间的矛盾是不是无法调和呢？若是有办法调和，那你能做些什么呢？有些涉及根本的原则要寸步不让，要是一些无所谓的东西或者是无伤大雅的东西，不如退一步海阔天空，这样还能博得一个大度的美名，还能从退让中让对方明白这场纷争有无必要性。

刘著和王辉同时进入公司，都是文案，两个人的才华在伯仲之间，上进心也是不相上下，两人合作起来也是天衣无缝，在他们笔下，总能恰到好处地表现产品的绝妙之处。

公司鉴于两人的表现，决定给予一定的奖励，本来这是一件好事，然而晏子的二桃能杀三士，一个职位，怎么能让给两个人呢？所以刘著同王辉开始明争暗斗，表面的争斗便是更加卖力气地工作，暗地里打小报告、使绊子、穿小鞋，小动作层出不穷，两败俱伤，工作却大打折扣。

刘著看着被退回的方案幡然醒悟，便主动地去找总经理，表示主动放弃这次升职。总经理听完他的话后，拍了拍他的肩膀说，王辉刚刚来，说了跟你一样的话。

忍一时风平浪静，退一步海阔天空。如果在非原则的问题上主动地让步，或者损失自己的一定的既定利益，能得到的是更加宽广的人际舞台，能得到的是化干戈为玉帛后的坚实人脉。

在互相尊重的前提下，进行一定的换位思考，将心比心地感受对方的感受，而后根据自己的需要和不需要进行取舍。在人际关系交往中，除非涉及原则问题，一些小事引起的纷争，莫要小题大做。大事化小，小事化了，各自多做自我批评，多说话，尽量避免动手，有些不必要的事情一笑了之，就能避免很大的冲突。

批评别人最好请他吃“三明治”

在生活中，你遇到犯了错的人，你会怎么办？有的人喜欢直言不讳地指出对方的错误。

我们要明白，批评只是手段，而我们的目的在于改善对方的行为，直来直往的批评倒是未尝不可，但是如果对方的自尊心受到损伤，对这件事情本身倒产生了抵触行为，这样批评的目的并没有达到。所以批评别人的时候最好请他吃“三明治”。

何谓“三明治批评法”，就是人们把批评的内容夹在两个表扬之中，从而使批评者愉快地接受批评的现象，称之为“三明治”效应。而我们的“三明治批评”又经过改变，不单单是表扬夹杂着批评，我们的“三明治”第一层是赞美，是表扬的肯定，第二层是批评或者不认同，而第三层便是鼓励、希望以及建议。

顾客是上帝，尤其对服务行业而言，这是崔经理在员工培训的时候，三令五申强调过的，而公司的服务理念是微笑服务。但是当崔经理视察的时候，还是发现前台小姐在接待顾客的时候没有微笑。于是崔经理上前说：“你刚才在接待顾客的时候，讲解得非常详尽，语气也很轻柔，但是如果你在说话的时候加上微笑，那么亲和力会更强，不过你的工作做得一向不错，我相信你会做得更好。”前台立刻意识到了自己的不足，欣然接受了崔经理的建议。

崔经理采用的就是“三明治”批评法，既避免了生硬批评，也没有伤害员工的自尊心，员工也能知错就改，这是一种双赢的局面。采取“三明治批评法”，有哪些好处呢?

（1）轻松卸掉对方防备

人非圣贤，孰能无过。但是即便是犯了错误的人，也不愿意在大庭广众下接受批评，因为犯了错误的人也是有自尊的，他们已经建立了厚厚的心理防卫，一旦你的批评过了火，那么对方的逆反心理极有可能打一场还击战。这个时候如果先说一些亲切的赞美之类的话，就可以轻而易举地瓦解掉他的心理防备，营造一种轻松柔和的氛围，让对方平静下来进行交往对话。这样的方式，使对方在心理上乐于接近批评者。

赵明明和李艳都是高二学生，高考在即，两人竟然谈起了恋爱。针对这种情况，班主任和家长的连番痛骂威胁并没有改变这种情况，两个人索性光明正大地出入成双，摆开了“死猪不怕开水烫”的架势，反正这世界除死无大事。

他们的语文老师看到了这种情况，想跟他们好好谈一谈，语文老师劈头就恭喜他们，他的恭喜让赵明明目瞪口呆，不知这喜从何来。老师认真地说：“你们恋爱证明你们成熟了，你们生理上已经趋于成熟，心理上也趋于成熟，这是值得肯定的。”

一番话让两个本来要誓死捍卫爱情的孩子松懈下来。这时候老师又说：“可是爱情的本质不是享受啊，你要承担让对方幸福的责任，现在你们首先经济上都没有独立，一旦父母断绝了经济来源，你们又没有固定收入。没有面包的爱情是不负责任的爱情，如果你们为了爱情离开家庭，那么什么企业会要两个高中都没有毕业的孩子呢？”

一番话，让赵明明和李艳幡然醒悟。语文老师的成功之处就在于，他没有大肆地批评早恋，把对方自然反射的防御反应卸除了，这种防卫心态一旦被解除，那么批评的意见就很容易被对方接受。

（2）减少对方心理压力

人为什么排斥批评，自尊只是一个方面，另外一个方面在于人对自己错误造成的后果担忧，直来直去的批评让人感到一种巨大的心理压力，不明确自己要为此次的失误付出多大的代价，但是“三明治”批评法经常做的是给被批评者以鼓励和希望，让犯了错误的人能振作精神，有勇气重新再来，没有思想包袱。

2010年年初，篮网创造了3胜41败的历史成绩，打破了76人之前创造的10胜72负的历史最差战绩。

而篮网的球员易建联从亚锦赛决赛8月男篮不敌伊朗开始，到2010年年初，他在所有参加的比赛中只取得了2场胜利。

面对这样的情况，主教练范德维奇彼表示：“父亲教导我，要在失利中成长，你失利，失利，失利……然后从中学到教训。”“谁都不愿意看见自己的名字出现在不光彩的记录上，但是作为职业球员，他们需要将这种压力放在场外。”而易建联对这种情况是“没有什么思想包袱”“每场球尽力去打”。

易建联这样“没有压力”地打球，他教练的态度功不可没，既指出了失利，也指出了不光彩的记录，但是也建议他们在失利中成长，他表达的方式极为巧妙，“我父亲说”甚至从某种程度暗示，他也曾遭遇过阿联曾经遭遇的一切，从心理上拉近了同被批评者的距离。“三明治”批评法给予了被批评者鼓励、希望、信任、帮助，并让他们没有担心结果的后顾之忧。

（3）使人积极向上

“三明治”批评法的另外一个优点在于不仅不伤害被批评者的感情，不损坏对方的自尊心，还能激发人向上的积极性，使人始终维持在良好的积极性。

大刘是个好员工，但是他有个毛病似乎始终克服不了，那就是迟到。这天他又迟到了，正好被经理撞见了，经理笑呵呵地说：“大刘，你前几天设计的方案获得了大家的一致好评。”

大刘也很高兴自己的劳动成果被认同，又听经理说："你可是咱们公司的业务骨干，是不是最近有什么事情啊，要不然你不会这么频繁地迟到啊？迟到按单位的规定是要给点惩罚的，你说对不？要是实在有什么困难，可要跟我说啊，我们大家都可以帮助你的！"大刘以后再也没有迟到，不仅不再迟到，而且成为经理手下的一员悍将。

经理批评人的方法高明就高明在，让大刘认识到，工作除了能获得报酬外，还能获得更有价值的东西。而这种积极向上的力量，会造就一个良性循环，让对方化失败为向上的勇气和力量。

打圆场，把冲突双方都变成你的人

小虎队有一首大家耳熟能详的歌《爱》是这样唱的："把你的心，我的心，串一串，串一株幸运草，串一个同心圆……"

如何将"心"串成一个同心圆，尤其是在别人争论、争吵或者大动干戈，肝火都挺旺的时候？好办，打圆场呗。

所谓的打圆场，是指在人家交往过程中，双方都处于争吵或者尴尬的境地中，由第三方出面进行调解的方法。打圆场运用得好，可以融洽气氛，联络感情，消除误会，缓和矛盾，平息争端，还有利于打破僵局，解决问题。而打圆场的人呢，无疑会获得更多人的欣赏和赞美。

2010年，孙海英声称中国话剧已死，并炮轰当红导演冯小刚"装洋蒜"，在参加电影《玩酷青春》活动时孙海英再度发难，称自己从来不看中国电影，拿着冯小刚送的票都没去看《唐山大地震》。

冯小刚不甘示弱，立刻在微博上回应此事，否认了送票事宜："不想说他撒谎，可能是他产生了幻觉。我不会给他电影票，他需要吃药的话我倒是可以给他送药。"

随后，冯小刚又言辞刻薄地质问对方："不看中国电影你当什么中国演员呀？好莱坞演戏去呀？看不起商业片，真清高你演戏别收钱呀。"同时，他还称孙海英"被激情燃烧烧坏了脑子"。

就在双方口水战打得如火如荼不可开交之际，孙海英妻子吕丽萍则站出来打圆场，认为大家的出发点都是为了中国电影，并没有恶意。

一个是老牌话剧演员，一个是当红导演，两人的争斗虽然有势同水火的架势，但是也不乏骑虎难下的苦处。这时候吕丽萍出来打个圆场，孙海英和冯小刚两两都有了面子和里子，这就是打圆场的妙处。

打圆场，在交际中是不可或缺的，它就像是润滑剂，维持这交际活动的正常进行。打圆场不仅是一门语言艺术，还是一门语言技术，我们在交际中怎么样才能顺利地打圆场呢？

（1）明修栈道，暗度陈仓

当两个人陷入尴尬和僵局的时候，会在一些问题上相持不下。未见得争论的问题是造成这种局面的本身，更多的情况是两个人的争胜情绪和较劲心理在作怪。如果你再掺和进来，力陈己见，理论一番，恐怕再说清楚这个问题，就跟中彩票一样困难了。

这个时候，不妨岔开一个话题，转移争论双方的注意力。或者说一个笑话，让双方的情绪平缓下来，在轻松的气氛中让尴尬消失殆尽，使交际活动得以顺利进行。

由湖南卫视举办的“快乐男生”中，杨二车娜姆和包小柏，这两个评委，似乎颇有积怨。

在三强选手比赛的时候，出现了四位评委一致投票给魏晨的情况，魏晨以全票得到了积分。但是随后杨二车娜姆突然举牌，示意要改把票投给苏醒，她解释道：“我特别内疚，原先我是想投给苏醒的，但是受其他三个评委的影响，也投给了魏晨。但我现在特别内疚，我不想做后悔的事情。”

话毕，包小柏生气地说：“评委是个很专业的工作，杨二你不可以这样，你投给了谁就投给谁了，不能随意变更。不能因为怕被人骂就随意改变自己看法！”

杨二车娜姆立刻发飙：“包小柏请你闭上你的嘴巴！”面对这样突发的情况，汪涵立刻出声道：“以上言论只代表嘉宾立场，与本台无关。”

汪涵，作为湖南卫视的一哥，打圆场的手段果真高明。他并不表明态度，不偏不倚，用搞笑的语言制造了轻松的氛围，明着是活跃舞台气氛，实际上是在平缓杨二车娜姆同包小柏之间的冲天怒气。

（2）懂装不懂，浑水摸鱼

交际活动中，为了缓和两头“斗牛”的怒气，为了激活搞僵的局面，为了缓解尴尬窘迫的场面，我们不妨故意曲解两人的话，然后让局面朝着有利于缓解的方面前行。

世界之大无奇不有，结婚三天的小两口就要离婚。来到民政局办事处，两人都是一脸的怒容，不依不饶。

工作人员一看两个人结婚才三天就要离婚，听男方介绍，两人恋爱八年，等同一个抗战的年头才修成的正果，工作人员觉得有些可惜，但是两人异口同声地要离婚，工作人员只好低头填写表格。

“您也不问问我们为什么离婚？”憋了一肚子话的女方找不到一个发泄口，于是问道。“性别不合呗！”工作人员一句话，逗得小夫妻俩扑哧地笑出声来，两人你看看我，我看看你，都觉得有几分不好意思。

工作人员的高明在于故意歪曲了不合的意思，做出了双方都觉得好笑的解释，但是又巧妙地传递了女子需要温柔，男子需要宽容的意思，让对方都认识到彼此的不合理性。同时，工作人员用这个不合情理的借口映衬了两个人有悖常理的举动，也给了双方就坡下驴的机会。

（3）假道伐虢，借助外物

所谓的假道伐虢，就是巧妙地借助外物，尤其是双方都感兴趣的外物，或者是矛盾双方的心理共同点，或者是共同感兴趣的话题，融洽气氛、打破僵局的手段，而这种办法特别适用于两个过去抱有成见的人冰释前嫌。

巍巍坐在王磊和刘弘治中间，只觉得尴尬极了。他们三人本是大学同学，因为当年王磊和刘弘治一起追求巍巍，本来情如手足的好同学因爱反目，现在尽管巍巍已经做了他人妇，但是这两个人的心结怎么也化解不开，同学聚会的时候，他们三人就成了最尴尬的“铁三角”。

巍巍灵机一动，忽然掏出手机抱怨道：“你怎么回事啊，这么晚连个电话都没有？什么？你还没有到家？你去哪了？你跟谁在一起？男的女的？”滔滔不绝，蛮不讲理，听口气是在查老公岗，王磊和刘弘治越听越心惊，两个人敢情就为了这么一个很具有泼妇潜质的女人，怄了五六年的气，两个人甚至有点感激对方，若不是对方的出现，那么在电话那头唯唯诺诺的大概就是自己了。可能是意识到对方想到一块去了，再度视线交汇的时候，两人便开始说起话来，其实，巍巍的电话根本没有拨通。

巍巍就是这样利用两个人共同的心理进行调和矛盾的，借助双方都感兴趣的外物，转移矛盾焦点，这不失为打圆场的一个好办法。

打破冷场僵局的三个说话技巧

交际中最尴尬的莫过于两个人大眼瞪小眼却无话可说，你不断地在心中盘算着，关于今天天气的问题都已经第三次提起了，为什么这种情况还不结束？

在人际交往中，任谁都不希望遇到冷场，那感觉非常让人不舒服。这样的情况多发生在两个初相识的人身上，或者是一个你不熟悉大家、大家也不熟悉你的会议上，或者是一句失言引发的全场低气压……

不管怎么说，冷场造成的效果非常恐怖，无论是单向交流中，不感兴趣注意力分散，还是双向交流中对方用嗯嗯啊啊等字眼敷衍，没有任何的回应，都让人的交流欲望从高处跌到低谷。

两个青年人去老师家拜访，老师非常高兴，大家相谈甚欢。这个时候两个青年人将来意和盘托出：“老师，听说您爱人是教英语的，我们想向她请教一些问题。”

老师很为难：“这，那是我以前的爱人，我已经同她分手了！”气氛很尴尬，一时无话，老师也感觉出了两个学生坐立难安，便道：“喝水吧！”学生也说道：“对了，老师，您上次的那本书快出版了吧？”“对啊！”……

看，虽然交谈中出现冷场的情形是难免的，但是难免出现的冷场却是可以挽回的。现在，教大家几个适用的打破冷场局面的小妙招，这几个小妙招不仅能打破冷场，还能让冷场变成自己的垫脚石，让自己从冷场中脱颖而出。

（1）另起炉灶，转移话题

酒逢知己千杯少，话不投机半句多。话不投机也就是意味着所选的话题对方不感兴趣，这时候，我们不妨用转移注意力，另换话题来打破“冷场”这块大冰块。

小冰对即将去男友家的事情忐忑不安，虽然说丑媳妇总要见公婆，可是她还是紧张，而且她不知道跟男友的父母说什么，说周杰伦还是说美甲？

一路忐忑地到了男友家，吃过饭后，四人在客厅里看电视。男友在，多少缓和了小冰的紧张情绪，可是男友接了一个电话后，有事需要出去一下，小冰坐在客厅里，如坐针毡。

男友的母亲问了小冰喜欢什么菜之类的话题，小冰几乎都要哭了，她对家事一无所知。男友的母亲又问她平常有什么爱好，小冰不禁犹豫要不要将自己飙车、泡夜店这种不良爱好说出来。

这时候男友的父亲笑呵呵地问道：“你父亲平时都喜欢什么？”“书法——”小冰眼睛亮了，自己的父亲自己很清楚的，男友的父亲又问了些小冰父母的事情，小冰都一一作答，一直维持着交谈的状况，直到男友回来。

男友的父亲显然深谙打破冷场的技巧，转换了话题，将小冰从尴尬和为难所造成的冷场中解救出来，也给小冰留下慈祥、宽厚的好印象。

（2）忘记自我，关注他人

冷场意味着什么？冷场意味着交谈的失败。如何让对方对你的话感兴趣，让对方注意到你？不妨忘却你自己，不以自我为中心，从对方的身上寻找突破口，找到对方所关注的兴奋点，作为打破谈话冷场的突破口。

“大爷，您好！”

“您好！”

“今天天气不错！”

“哦，是的！”

“喜欢周杰伦么？”

“没在一起喝过酒！”

“那你听过《菊花台》么？”

“我听过茅台。”

“哦，这样，那您最喜欢的昆曲是哪一出啊？”

“《牡丹亭》啊，其实我平常不怎么听昆曲，我还是喜欢听京剧，字正腔圆不说，那叫一个玉润珠圆，别的地方剧种我都不爱听，我嫌它荒腔走板。哎呀，现在像你这样的爱听京戏的人可不多了，小伙子不错，挺支持传统文化……”

（3）故意挑刺，引发议论

谈话内容是否阳春白雪决定了它是否曲高和寡，不希望冷场的人，最好备下一两个库存话题，以备不时之需。故意挑起一场无伤大雅的争论，在活跃气氛的同时顺利打开冷场局面，对于挑起争论的你，大家自然是印象深刻了。

大周最烦的就是不说话的冷场局面，无端端让人觉得心头发沉，可是事情往往是你越讨厌什么越来什么。

会场上总经理高谈阔论一个小时后，局面就变成了这样。总经理的脸已经越来越难看了，如果他生气的话，那么将是又一个小时的高谈阔论，之后又是冷场。

大周决定打破这种冷场，站起来，说道：“我觉得，非我族类，其心必异。企业合并的弊端……”大周说完，又很有技巧地说：“大家说呢？”等于是抛砖引玉。赞成大周的有之，不赞成的有之，但是不管怎么说，总算是大家都开始说话了。

7.

赞扬的话一定要说到别人心坎里

社会学家认为，人能从赞扬和尊重中感受到生活的动力和个人的价值，马克·吐温更是风趣地说：“一句美好的赞语可以使我多活两个月。”从社会心理学角度来说，赞美也是一种有效的交往技巧，它能有效地缩短人与人之间的心理距离。而在生活中，与人交流的时候，赞扬更是博得他人好感的好方法。

也许你会不以为然，赞扬不就是多说好话么，这谁不会？但是你真的会把赞扬说到别人的心坎里么？如果你把一个颇有几分自知之明的普通女子赞美成一个天仙，她肯定会把你的赞美当成恶意的调侃；如果你用些司空见惯的词汇赞美别人的性格，必然会落入俗套，肯定是反应平淡；如果你赞美中年人老骥伏枥，他肯定会回你恶狠狠的一眼。

赞美也是双刃剑，用得好披荆斩棘，用不好只能划伤自己。

2010 年 9 月初，澳大利亚橄榄球队在三国橄榄球比赛中以微弱的优势战胜了南非队，举国欢庆。

北京奥运会上曾获得游泳冠军的斯蒂芬妮·莱斯作为澳大利亚人，同样与有荣焉，便在自己的微博上对男橄榄球员们大加赞扬，可是她是怎么赞扬的呢？

她微博上写着：“真强，你们这些男同性恋！”这只是一句玩笑的赞美，然而一石激起千层浪，男橄榄球员不买账不说，还捅了澳大利亚所有同性恋这个大马蜂窝。

最后她不得不召开新闻发布会，流着泪向公众道歉，但是捷豹公司依然决定终止和莱斯的合约，并收回了送给她的跑车。

我们都相信莱斯的赞美是发乎内心的，但是为什么会起到这种效果？问题在于莱斯的赞美虽然真诚，但是没有注意环境和用词，造成伤害别人也伤害自己的后果。

怎样赞美别人，让自己的赞美打中对方的心，从而让对方向自己敞开心扉呢？想要让自己的赞美显得恳切、由衷、自然、热情，就要避开赞美的几个“死穴”。

（1）赞美要真诚

如果你抽样调查，十个人有十个人表示不喜欢拍马屁，但是十个人有十个人表示喜欢赞扬。由此可见，拍马屁不同于赞扬。前者是违心的，言不由衷的，起到的作用是微乎其微的，甚至还让人心生厌烦；而不脱离实际的真诚的赞扬，会让人身心愉悦。

兰儿认为社交的第一要务就是学会赞美，但是不知道为什么，兰儿的赞美总是让对方不感冒。就像今天这样，兰儿看见月儿的背包，赶忙上前问道：“月儿，你换新包包了啊！”

“嗯！”月儿的兴致并不太高。

“不愧是月儿哦，这样潮的包只有你能买到！”月儿听完并没有兴高采烈，而是淡淡地甚至有几分冷漠地走掉，让兰儿丈二和尚摸不到头，等到在茶水间才听见月儿跟别的同事说这个包是好几年前的旧货，早已经被淘汰掉了，是因为最近没有新包包可背，无奈之下，又翻出来了。

兰儿听完后悔莫及，其实她也觉得那个包款式土气颜色诡异，只是违心地赞美罢了。

赞美，如果脱离实际，并不发自人的内心，那么并不能引起对方的高兴。无根无据的赞美只能让人觉得莫名其妙，甚至会觉得你这个人油嘴滑舌，虚伪狡诈，别有所图。这样的赞美，别说达到人的内心，能达到人的耳朵就算不错的了。

（2）赞美要及时

人生没有彩排，全部都是现场直播。赞美也要挑时机，才能打进人的心坎里。相机行事，在别人计划做一件事情的时候，最初的赞美能鼓励他下决心做出成绩，中间的赞美有益对方再接再厉，结尾的赞美肯定成绩。如果当时你没有赞美，等到事情过了两三年，甚至当事人都把这件事情忘掉的时候你再大肆溢美，多少有些马后炮的嫌疑。

小郭青春靓丽，在办公室里算是一道独特的风景。这天她买了一件大衣，兴冲冲地让同事品评。同事钱越心不在焉地哼哼哈哈，没有听到预期的赞美之词让小郭怀疑这件大衣是不是真的好看。

等过了几天，钱越在街上看见别人穿同款的大衣，饶有兴致地问小郭："怎么不见你穿那件大衣了？你身材这么好，穿上那件大衣一定是神采飘逸，漂亮大方。"小郭的脸沉了下来，没有好声气地说："那件大衣啊，我已经送给我妹妹了！"

及时的赞美就是锦上添花，而不及时的赞美就像是等到丝锦已经腐朽的时候，再谋求在上面修饰，这样的情景自然是不能达到对方的心坎里的。

（3）赞美要具体

日常生活，总是少见惊天动地的伟业，大多是些平平常常的琐碎事情。所以赞美要从具体的事件上入手，善于发现对方哪怕是最微小的长处，并不失时机地给予赞美，而不是含糊其词地赞美，那样只能让你的赞美轻飘飘，没有力道。

"80后"的媳妇，"50后"的婆婆，两相碰撞，互不相让。这种状况，墨墨结婚之前就做好了心理准备，她也准备好了应对措施，那就是对婆婆大加赞扬，谁不喜欢被戴高帽呢？

墨墨同婆婆生活没几天，就开始实施自己的这种战略，"妈妈，您真不容易！""妈妈，您真厉害！""妈妈，您真聪明！"

可是这些墨墨认为分量十足的话，全部被婆婆的“我怎么厉害了”“我怎么不容易了”“我怎么聪明了”给挡了回来，颇有几分千钧重拳打在了棉花上的无力感。

墨墨有天看见了婆婆写的字，下意识地说了句：“妈妈，这字写得可真是漂亮！”本以为婆婆会回一句：“漂亮在哪了？”没有想到婆婆却兴致盎然地说起自己练字的经历，一下子打开话匣子，墨墨才明白，赞美也不是无的之矢啊。以后她都是找到婆婆的一个优点具体赞扬，婆婆开心，墨墨高兴，婆媳关系十分的融洽。

要知道人是千差万别的，地位有高低之分，年龄有长幼之别，赞美不是万金油，也要因人而异，因事制宜。具体的赞美比空洞的一般化的赞美能收到更好的效果。

针对老年人，不妨多提提他的当年勇；对中年人，不妨说说他的似锦前程、教子有方；对年轻人，不如说说他的创造才能和拼搏精神。对商人，可以称赞他“君子爱财，取之有道”；对官员，可以称赞他为国为民、两袖清风；对知识分子，可以夸他知识广博、宁静致远。具体地夸赞，才能让你的夸奖走到人的心坎里面去。

自嘲也要给自己一个亮丽的台阶

人际交往中，难免会遇到尴尬，若是自己遮遮掩掩，无形中反而将这种尴尬放大。遮掩、躲避，只能让自己颜面尽失。聪明人呢，善于在尴尬的时候自嘲，不仅能巧妙地发挥，在大家莞尔一笑的时候自圆其说，还能博得豁达、乐观、超脱等溢美之词。自嘲，谁也不伤害，是活跃气氛、自找台阶的最佳方式，让人跌倒了还能抓把沙。

由此可见，自嘲时对着自己的某个缺点猛烈开火容易妙趣横生。但就这份气度和勇气，别人也不会让你孤独自笑，而一般会陪你笑上几声的。

丈夫要去进修，妻子生恐丈夫外出后耐不住寂寞去拈花惹草，临别之际，侧敲旁击道："外面的世界多精彩，千万不要乐不思蜀才好！"丈夫微微一笑，说道："我这张脸，正经八百的鞋拔子脸，这脸色，就跟踩扁了的西红柿一样，我没有条件乐不思蜀啊！"

丈夫大肆嘲笑自己长相上的不足，这种自嘲可以称之为人生智慧，比指天指地跟妻子赌咒发誓的效果来得更好，而且此时他在妻子的眼中一定变得更加的可爱。

说话的时候偶用自嘲，好处良多啊。适度的自嘲，让对方认为你有高度的智慧，融洽了同对方说话的气氛，调侃自己，也能缓解紧张的情绪，甚至自嘲的同时还能打击那些别有用心的人。

自嘲的用处倒是妙不可言，可是如何自嘲才能恰到好处呢？

（1）自曝短处

在众人面前蒙羞，处境尴尬，想装作若无其事，偏偏大家的眼睛都盯住了你，这时候你需要一个台阶——自嘲。嘲笑让自己尴尬的短处，轻轻松松地把大家的幸灾乐祸转变成对你的钦佩、亲近。

李楠很胖，一米七的小伙子一百七十斤，他的体重带给他的可不是高血压、糖尿病，而是大家的调侃和取笑。这不，李楠的马虎又给大家提供了一次笑料。

美国的大老板来中国视察，李楠被选中上台做报告，演示幻灯片的时候，一脚踏空，李楠就跌倒在了台下，大家哄然大笑，李楠的面孔是青白交错。想了想，他站了起来，对着台下镇定自若地说："还好，有这么一身肉托着，要不骨头就该摔断了！"大家听完，再度笑开，大老板对李楠印象深刻，对他的幽默也颇为欣赏，去厂区视察都要李楠作陪。

由此可见，自己说短处的自嘲，容易妙趣横生，单就你的这份勇气和气度，别人也不会让你再度尴尬下去，一般陪你笑上几声，就会投之以敬佩、有好感的目光。

（2）拿自己开涮

笑自己的长相，笑自己的短处，是自嘲的不二法宝，可是万一你是相貌堂堂的美男子，或者是行事从无差错的大丈夫该怎么办？没有短处，是不是就不能自嘲了呢？其实还有一个办法，那就是大胆地自己拿自己开涮。

（3）自己的矛攻自己的盾

哲人说，站在自己之外，欣赏自己的创伤，那么就能产生一段时间的快乐。而这种快乐，更见情趣，不仅让对方看见你应对生活的积极态度，而且还能让对方同你一起笑，同你一起欣赏自嘲这种人性之美，无形之中缩短自己同对方的距离，那么交流就通畅了。

孙老二喜欢吹牛，街坊邻居都知道，但是没有人讨厌他。孙老二的新邻居很好奇，他觉得一个终日里满口空话的人是很难招人待见的，就像他本身就不喜欢孙老二一样，并且尽量避免和孙老二打交道。

可是世界说大就大，说小就小，这天邻居把钥匙给锁门里面了，大冷天耐不住寒，打算硬着头皮去孙老二家借件衣服。一进门，表明来意，孙老二就开始吹牛，“嗨，这有什么问题？你说吧，想要借哪种面料的，我们家什么都有！”

话音未落，就听妻子在厨房中大喊：“去买点酱油去！”

孙老二不慌不忙地对邻居说：“我们家什么都有，除了酱油！”邻居忍不住扑哧一声笑了出来。

孙老二正是故意用自己的矛攻自己的盾，通过对自己造成的尴尬困境取笑，潇洒地从尴尬中解脱出来。这也许正是孙老二为什么吹牛吹得如此明显，却不招致别人讨厌的原因。

（4）无中生有巧自嘲

取笑自己，能在无形中缓解别人对自己的敌意。

贝利的公司被大公司合并了，然而他的职位并没有变动，仍然是总经理助理。新同事显然对他不大友善，尤其是听说大公司原来的人事出现了很大的调整后，对没有经历过人事沉浮的贝利更是没有好感。

贝利有一次在公共餐厅里，故意大声说：“我相信，我肯定是公司最后一个职位调动的人！”大家全部支棱着耳朵听他的“高见”，贝利随后一句“因为我什么事都远远落在人后面”。新同事们对于贝利的这种自嘲非常买账，大家一起哈哈大笑的同时，贝利同新同事友善合作的共事关系已经悄然形成。

自嘲不是自我辱骂，不是出自己的丑，这里把握分寸很重要。自我嘲讽时要超脱，而不应尖刻和感到屈辱。

四、识破谎言的漏洞，避开人际沟通的陷阱

在人际交往中，

谎言无处不在，

一不小心我们就可能掉入他人的人际陷阱。

别担心，

再完美的谎言也会露出蛛丝马迹，

只要细心观察说谎者的肢体行为，

我们就能识破各种谎言的漏洞和信号，

躲开人际沟通的陷阱。

1.

识破说谎者的各种手势

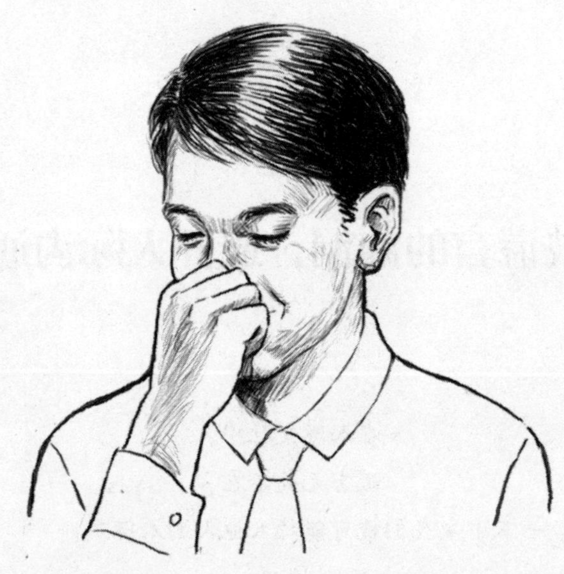

手摸鼻子，是说谎的典型表现

触摸鼻子的手势被视为经典的说谎标志。美国芝加哥的嗅觉与味觉治疗与研究基金会的科学家们发现，当人撒谎时，人体会释放一种名为儿茶酚胺的化学物质，从而引起鼻腔内部的细胞肿胀，继而引发鼻腔的神经末梢传送出刺痒的感觉。于是，人就会本能地用手摩擦鼻子，以缓解鼻子以及周边的刺痒感。

美国的神经学者阿兰·赫希和精神病学者查尔斯·沃尔夫，曾经对克林顿向陪审团陈述证词的整个过程有过深入的研究，他们发现克林顿说真话时很少触摸鼻子。但是，只要他撒谎，他的眉头就会不经意地微微一皱，而且大概隔 4 分钟就触摸一次鼻子。在整个陈述证词期间，他触摸鼻子多达26次。

值得注意的是，触摸鼻子的手势并非全是因为撒谎，也可能是因为花粉过敏或感冒。那么，怎样判断鼻子是正常的发痒呢？其实这并不难。正常情况下，鼻子发痒时，人必须用力地摩擦鼻子，而不像说谎时轻轻触碰鼻子。

除了触摸鼻子是说谎的经典标志之外，手部的很多动作都可能代表说谎。

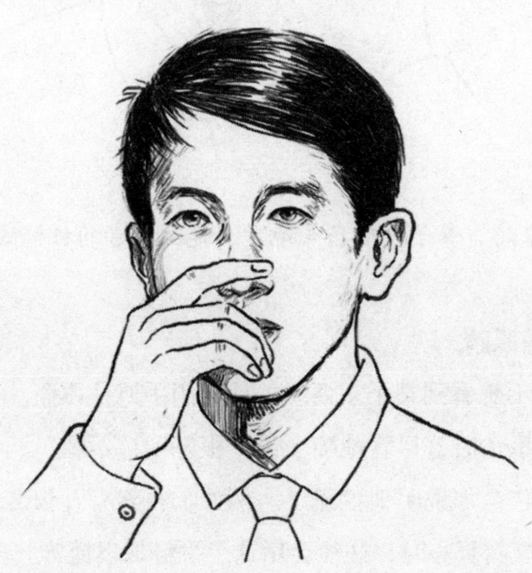

用手捂住嘴巴，是担心别人识破他的谎言

（1）用手遮住嘴巴

当一个人下意识地用手遮住嘴巴时，表明他试图阻拦自己说出的那些话，为什么要这样？这很可能是因为他说出的是谎言。有时候，说谎者只用几根手指或者紧握的拳头遮住嘴巴，这与用手遮住嘴巴的意思是一样的。另外，在用手遮住嘴巴时，有些说谎者会假装咳嗽几声，以掩饰内心的不安。警察在审理犯罪嫌疑人时，犯罪嫌疑人通常有这种举动。

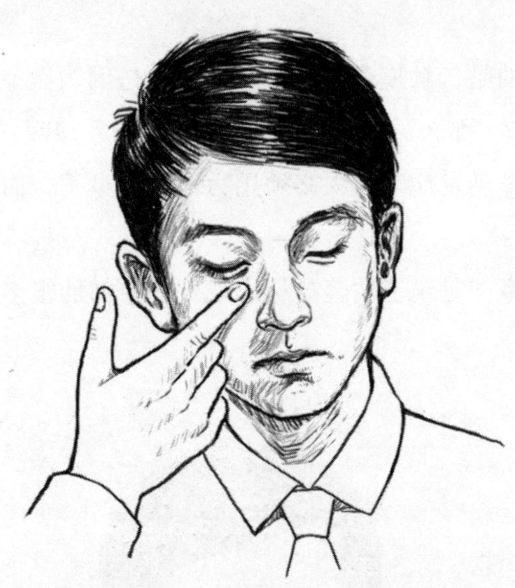

用手擦眼睛、鼻子、嘴角等地方，是说谎者的机械式肢体行为

（2）摩擦眼睛

当小孩子不想看到某个东西时，他会用手遮住眼睛。当成年人看到某件令人反感的事情时，尽管他嘴上说“很好”“不错”，但如果他做出了摩擦眼睛的动作，那说明他说谎了。例如，在素有礼仪之邦的英国，当人们不想对他人吐露真心时，往往会用这个手势加以掩饰。

人在摩擦眼睛时，是想掩盖自己的谎言。如果一个男人使劲地摩擦眼睛，同时把脸转向别处，那表明他想掩盖一个弥天大谎。相对而言，女人很少做出摩擦眼睛的手势，她们一般只是在眼睛下方轻微地触碰一下。

（3）抓挠耳朵

销售员对顾客说：“这个产品售价4500元！”顾客抓挠自己的耳朵，并把头转向一侧，然后说：“这也太贵了，这对我来说是很大一笔钱！”在这个情境中，顾客抓挠耳朵的手势表明他在说谎。所谓“非礼勿听”，顾客说了句谎言，这个谎言连他自己都不想听，所以，他才抓挠耳朵，以掩饰自己的内心。

和触摸鼻子的手势一样，抓挠耳朵也表明当事人处在焦虑情绪之中。抓挠耳朵的手势有多种变化，比如，抓挠耳郭背后，用指尖掏耳孔，拉扯耳垂，把整个耳郭折向前方折叠，试图盖住耳洞等。这些手势的潜台词是："我已经听够了，我不想再听了。"

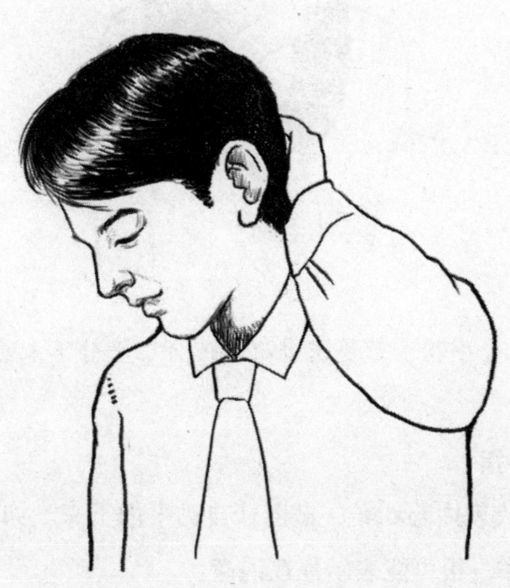

用手挠脖子，往往是在掩饰谎言

（4）抓挠脖子

抓挠脖子的微反应是，用食指抓挠脖子的侧面位于耳垂下方的那块区域。比如，有人对你说："我非常理解你的感受！"同时，他在抓挠脖子，那说明他并不理解你的感受。据心理学家观察，人们每次做这个手势，食指通常会抓挠五次，若抓挠次数少于五次或多于五次，那么这个手势代表疑惑、不确定的含义。

（5）拉拽衣领

生理学研究发现，撒谎会使人敏感的面部与颈部神经组织产生刺痒的感觉。于是，人们不得不通过摩擦面部与颈部来缓解刺痒感。

嘴含手指，是说谎者试图使自己平静下来的方法

（6）含手指

这个动作代表内心纠结，试图让自己平静下来。如果一个人在说话的时候做这个动作，很可能表示他在说谎。

此外，说话的时候如果紧握拳头，或紧握把手之类的东西，或紧握小玩意儿，或把手插在口袋里，也代表内心纠结、焦虑，这些动作是为了缓解内心的焦虑。同时，如果当事人所说的话与这种手势语不相符，那就说明他在说谎。

捕捉说谎者一闪而过的表情

表情是人生来就有的，而且能反映一个人的情绪和心理。小孩子哭闹时，代表他不舒服；哈哈大笑时，说明他很开心。但伴随着年龄的增长，人的表情越来越丰富，也越来越会隐藏表情了，这时如果你还简单地根据表情看人的内心，就很容易被假表情欺骗。

美国心理学家拜亚曾做过一项实验：他将人的愤怒、恐惧、诱惑、无动于衷、幸福、悲伤六种表情录制下来，再放映给别人看，让他们猜测各种表情代表什么感情。结果让人大吃一惊，猜对的表情不到两种。

这个实验充分说明，表情具有欺骗性。有时候，人的表情跟内心的情绪正好相反，原因是人在潜意识里不愿意让别人看出自己的心理变化，所以，他会用其他表情来掩饰自己的真实情感，刻意隐藏自己的喜怒哀乐。

但这并不代表我们无法透过表情看出他人的说谎行为，只要仔细观察他人的表情，就能察觉到一个人在说谎时的表情漏洞。下面我们就来看看人在说谎时有哪些表情漏洞。

（1）语言和表情不合拍

当一个人皱着眉头对你说“我爱你”，你千万别信以为真。因为皱眉代表不开心，而“我爱你”是一件很幸福的事情，这就是典型的语言和表情不合拍，是说谎的表现。同样，当一个人嘴里说“是”，却在轻微摇头时，也代表他心口不一。

（2）面部表情对事情的反应迟缓

当你送给别人一个礼物，对方收到礼物时表情没有喜悦，过了一会儿才对你说：“谢谢你的礼物，我很喜欢！”这也是说谎的表现。因为通常人在收到自己喜欢的礼物时，瞬间就会将喜悦表达出来，而说谎者的面部表情对实情的反应较为迟缓，他通常会滞后几秒钟，这代表他在说谎。

（3）惊讶的时间较长

一个人在听到一个自己不知道的事情时，他会很惊讶。真正的惊讶持续不到1秒钟，而假装出来的惊讶会超过1秒。瞬间的眼睛张大，眉毛上扬，表示惊讶，这是很难装出来的。我们来看一个例子：

陈宏对姜瑜一见倾心，苦苦追求，终于使姜瑜对他的态度好转。这天是情人节，陈宏一早就准备好鲜花和戒指，早早地守候在姜瑜的办公大楼下面，想当众求婚，给姜瑜一个大大的情人节惊喜。

快9点的时候，姜瑜脚步匆匆地出现在办公大楼下面，陈宏捧着鲜花，快步走到姜瑜面前。姜瑜感到很意外，先是礼貌地接过鲜花，然后表情变得很严肃，问他："你这是干什么？我还要上班呢？马上就要迟到了！"

陈宏对姜瑜说："别着急，就一分钟。"说着就拿出戒指，单膝跪地，一脸认真地说："姜瑜，我爱你，嫁给我吧！"

姜瑜感到特别惊讶，她长长地"哎呀——"了一声，然后说："快起来，这么多人，怪不好意思的！"

陈宏说："你难道不爱我吗？爱我就收下我的戒指吧！"

"爱！"说这话的时候，姜瑜有一个轻微的摇头动作，然后火速拿起戒指，就去上班了。

傻傻的陈宏却信以为真，没想到三天后，姜瑜就很正式地向他提出了分手。

（4）面部抽搐

通常来说，面部表情肌肉是不会随意抽动的。如果你发现有人面部偶尔抽搐几下，即使这个过程很短暂，往往也能暴露他在说谎。

（5）面红耳赤

面红耳赤是形容人在害羞时的词语，但人在说谎时，由于心跳加速，血液涌进毛细血管，人会感到热，继而可能面红耳赤。因此，如果你断定对方不是因害羞而面红耳赤，那就说明他在说谎。

（6）脸部的肌肉运动集中在嘴巴部位

当一个人的表情并非发自内心时，他一般会把脸部的肌肉运动限制在嘴巴部位。而正常人在微笑时，会同时牵动下颌、眼睛和额头的部分。

（7）瘪嘴、舔嘴唇

瘪嘴是人下意识地试图让自己保持沉默的动作，说明他心里有事瞒着你，不知道该不该说。舔嘴唇是一种自我安慰的行为，能让紧张、焦虑的人保持镇定，这也是说谎者常用的表情。

3.

目光无比坚定的人也可能说谎

灵魂在哪里？灵魂藏在你的心中，闪动在你的眼里。德国著名心理学家梅赛因曾说过：“眼睛是了解一个人的最好工具。”中国大思想家、教育家孟子也有类似的观点，他的《离娄章句上》中有这样一段话：“存乎人者，莫良于眸子。眸子不能掩其恶。胸中正，则眸子瞭焉；胸中不正，则眸子眊（眼睛昏花）焉。听其言也，观其眸子，人焉廋（藏匿）哉？”

这段话的意思是：观察人的方法有很多，但没有比观察人的眼睛更好的方法了。因为眼睛无法掩盖一个人内心的丑恶。一个人的心是正直的，他的眼睛就会清明；一个人的心若不正直，他的眼睛就显得昏花。听人说话时，观察他的眼睛，他内心的好坏又怎么能隐藏得住呢？

孟子的论述十分精彩，它说明了一个人的内心动向，必然反映在他的眼神里。心里怎么想，不需要语言表达，从眼神中就能找到答案。这是任何人都无法隐藏的。

语言可以说谎，但眼神不会。生活中经常有这种情况，有些人嘴上赞同，眼神里却流露出反对的神态。有些人花言巧语地蛊惑人心，可眼神却出卖了他。因此，通过观察一个人的眼神就可以看出他是否在说谎。

下面，我们就来看看人在说谎时眼睛有怎样的微反应。

（1）瞳孔放得很大

瞳孔放大几乎是不可能作假的，大多数人说谎时，瞳孔会变大，这可以归结为紧张和注意力的增加。

（2）眨眼的频率发生变化

人们决定说谎时，眨眼的频率会减慢，并且在说谎的过程中保持低速。谎言结束后，会快速地眨动眼睛，有时候可达正常频率的 8 倍。这一点，哪怕是谈判高手，也难以掩饰，比如，下面事例中的黄老板。

有一次，林强参加一个商务谈判，客户黄老板是个“老江湖”，不苟言笑，喜怒不形于色。在谈判的过程中，无论林强怎么强调不能再降价了，黄老板的脸上始终没有什么变化。相反，他似乎看透了林强的心思，知道价钱还有下降的余地，因此，一而再再而三地压价。

林强在对方的强压之下，不由地感到发热。突然，他发现当自己谈到产品的高性价比时，黄老板的眼神开始发亮，瞳孔开始扩张，这代表他非常感兴趣。但他却装作不感兴趣，说话的时候眼睛频繁地眨动，这是说谎的经典信号。林强知道黄老板非常认可他的产品，凭借这点，林强立刻有了谈下去的信心。

突然，林强的手机来了一条短信，他假装接电话，说：“哦，陈总啊，你要和我见面谈谈进购产品的事情是吧，好的，我这就过去。”然后，转过头对黄老板说：“您也知道，我们的产品性能、质量、价格综合来说，都是非常有优势的。市场上虽然有同类的产品，价钱有比我们的产品价钱低，但他们的质量您也知道。要不这样，今天就谈到这里，我还要去见另一位大客户。”

黄老板见势不妙，赶紧说：“好吧，今天还是把合同签了吧，就按你刚才说的价格来。”就这样，林强拿下了一笔大订单。

（3）回避对视或盯着你

人在说谎的时候，会由于心虚而不敢与别人的眼神对视。如果你问对方问题，对方在回答的时候眼神不敢与你对视，那很可能是为了掩饰内心的惊慌，害怕被你识破他的谎言而刻意的隐藏行为。比如，你向同事求助，同事说很乐意帮助你，但他在回答你时，似乎停顿了很长一段时间，而且他的目光始终停留在自己的计算机屏幕上，不与你的眼神对视，这表示他并非真的想帮你。

当然，高明的说谎者知道一般人在说谎时不敢看对方的眼睛，因此，他们会反其道而行之，刻意去盯着别人看，想看对方是否相信他的谎言。这样由于注意力太集中，眼球变得干燥，会频繁地眨眼睛，这就暴露了自己的谎言。

（4）眼神闪烁、飘忽

人在说谎时，由于大脑要集中在谎言上，眼神会变得闪烁、飘忽，无法集中。而当两人对视时，说谎者会马上把眼神移开，这表示他内心有强烈的罪恶感，不敢与别人对视。

（5）眼睛看向右上方

心理学研究发现，大部分人在说谎时，眼球会向右上方看。而在试图记起曾发生的某件事时，人往往会向左下方看。这是因为人的右脑负责处理非理智的事情，左脑负责处理理智的事情。

举个简单的例子，假如女孩问男朋友："昨晚你干什么去了？"如果男朋友的眼睛向左下方看，表示他在回忆，这时他说的话是有可信度的。如果他的眼睛向右上方，表示他在创造、编造谎言。如果男朋友目不斜视地回答，那他不是记忆高手就是撒谎高手。

识破四种“皮笑肉不笑”的假笑

如果你想识破他人的谎言，那仔细观察他的笑容，一定会大有发现。心理学研究发现，人的笑容，特别是假笑里藏着许多谎言的信号，说谎者的笑容很少表现真实的情感，更多的是为了掩饰内心的真实情感。

下面，我们就来看看人在说谎时有哪些假笑。

（1）表情坚硬，强颜欢笑

当一个人出于礼貌，歪着头强颜欢笑时，往往是在说谎。如果对方笑时眼神不看你，嘴角微微上翘，那很可能表示轻蔑、不屑一顾。如果这时他嘴里说：“你真的很棒。”“你的方案真的很出色！”那多半是在说谎。

“总经理，这是我的设计方案，请您过目！”严云将精心策划了一周的广告设计方案交给总经理。

总经理眯着眼睛认真地看起来，看完后他笑着说：“这个设计方案很不错！一看就知道你是用了心的，辛苦了！”

严云注意到总经理的笑，似乎有些牵强，面部表情显得有些僵硬，笑的声音也人为地拖长，她知道总经理并非真心夸她。

果然，几秒钟后，总经理用手指指着策划方案对严云说：“你看这几处，如果能修改一下我觉得会更完美！”

严云一看，这几处都是她设计方案的关键地方，如果都作修改，那不就意味着她的方案面目全非吗？不过，总经理的意见还是要接受的，而且再怎么说，总经理没有直接否定她的努力成果，也算是维护了她的自尊，保护了她的工作积极性。

（2）面部表情呈不对称分布

美国匹兹堡大学心理学教授杰夫里·考恩发现，真正微笑的面部表情是均匀的，在面部两侧是对称的。它来得快，消失得慢。而假装出来的笑容来得慢，而且面部两侧不对称。

真笑是人内心真实情感的反映，会产生于可以拉动嘴角向上的面颊肌肉。在这种情况下，面颊肌强有力地收缩时会拉长嘴唇，扯动整个面颊向上，使眼睛下的皮肤像口袋一样地松弛，同时使人眼角下的鱼尾纹起皱，这种面部表情会呈现出对称分布。但是假笑正好相反，它不会像真笑那样让表情对称分布，最典型的表现就是眼睛周围的肌肉不会跟着面部一起运动，眼睛不会眯起来。

另外，有研究发现：人在假笑的时候，鼻孔两边的表情通常有些不对称。习惯于用右手的人，假笑时左嘴角会挑得更高；习惯于用左手的人，假笑时右嘴角会挑得更高。

（3）笑的持续时间很长

真实的笑容一般持续时间在4秒之内，具体持续多长时间，取决于当事人感情的强烈程度。而假笑则不同，由于它是伪装出来的，当事人怕别人觉得自己的笑是假的，往往会刻意延长笑的时间，这反而暴露了他的内心。事实上，任何一种表情如果持续的时间超过5秒甚至是10秒，大部分都是假的。当然，一些强烈的情感，如愤怒、狂喜除外。

（4）笑得比较慢

真实的笑容是真情的本能流露，当事人在听到值得笑的事情时，瞬间就会绽放出笑容，这个过程非常迅速而短暂，但假笑则不同，它经常姗姗来迟。比如，你跟别人分享一件好笑的事情，对方迟疑了几秒之后，才哈哈地笑出来。那么，这个笑容很可能是假装的。

别忽视说谎者那双紧张的腿

在人际交往中，人们总是习惯于关注他人的面部表情。一方面是因为面部表情最容易察觉，另一方面是因为面部表情是一个人内心动态的反映。但实际上，正是由于面部表情容易暴露内心情绪，人们才会有意识地控制和掩饰自己的表情，不让别人看透自己的内心。但与此同时，人们却忽视了对腿部微动作的控制，于是，腿部动作就成为谎言的漏洞。

根据英国心理学家莫里斯的研究，人体中越是远离大脑的部位，对内心的反映越是可信。

通常来说，腿部有三种最基本的姿势。一是两腿分开，通常代表稳定、自信、有接受对方的意向；二是两腿并拢，通常代表严肃、拘谨、震惊，看上去郑重其事，但同时也给人一种紧张、压抑的感觉；三是两腿交叉，这是防御性的姿势，通常给人胆怯、害羞、抗拒、焦虑等印象。

此外，抖腿也是较为常见的腿部姿势。从生理学的角度上来讲，当人感觉身体某个部位不舒服时，会无意识地让这个部位动起来。比如，长时间地坐在椅子上，腿部麻木了，感到不舒服，就会不自觉地抖腿，活动一下腿脚。但是从心理学的角度来讲，当人长期处于某种心理状态下，比如，紧张、焦虑，人就会对这种状态感到不适，从而做出某种反应，以缓解这种不适感，抖腿往往是在这种情况下出现的。

徐鹏与朱总约好了见面时间，带着样品来到朱总的办公室。可就在徐鹏到达朱总办公室的前两分钟，朱总接到了岳父的电话，说是来到了他所在的城市，让朱总去机场接他。当徐鹏进入朱总的办公室时，朱总已经收拾好东西，即将准备离开。

见到徐鹏后，朱总还是礼貌地说："请坐！"

徐鹏拿出样品给朱总看。突然，朱总发现一些新的设计，就让徐鹏解释。但这些设计不是一时半会儿能解释清楚的，朱总见徐鹏半天没有讲完，就很着急，于是不自觉地抖起了双腿。

徐鹏看见朱总的腿部动作，知道他有急事，于是放下手中的资料，说："朱总，您是不是有急事要处理？要不我们改天再约？"

朱总嘴上说"没事，咱们抓紧时间说样品"，但表情和腿部动作却暴露了他真实的内心。只见他由一开始的抖腿变成双腿交叉，双手还夹在两条大腿之间，时而揉搓手掌，时而把手放在大腿上来回摩挲。

看到这些肢体动作后，徐鹏果断地提出："要不这样吧，朱总，样品的事情我们改天再约，您今天先去办要紧的事，我先撤了！"说着就站起来，收拾起资料。

朱总看到这一幕，不由得露出了轻松的表情，同时很不好意思地说："真对不起，让你白跑了一趟，你还别说，我真的有急事，下次我约你！"

两天后，朱总约见徐鹏，还没等徐鹏讲清楚样品的细节问题，他就提出要签合同，而且一签就是个大合同。

在上面的事例中，朱总因为有事情要办，所以心里烦躁、焦虑不安，于是会频繁抖腿。聪明的人这时候应该询问对方原因，或者暂时停下谈话，等对方办完急事后再来继续商洽。如果对方不便说出紧张、烦躁的原因，你可以结合他的言语和其他身体语言来揣测。

下面，我们就来看看除了抖腿，说谎者还有哪些常见的腿部行为。

（1）脚部转动的方向代表客户的关注点

心理学家认为，脚部转动的方向最能反映一个人的关注点，尤其是脚尖的方向，最能表达客户的内心。比如，你与客户交谈时，发现客户的脚尖没有对着你，而是对着门口，这意味着客户想离开。这时你应该结合客户的其他言行，思考问题出在哪里，并及时做出调整。

（2）一边做出肯定的回答，一边却频繁地踢脚尖

美国心理学家罗伯特·索马通过实验发现，当一个人被过多地侵入内心世界时，最初会用频繁踢脚尖的动作表达拒绝之意。如果你发现客户开始踢脚尖了，即使他嘴上说对你说："你请讲，我在听！"那你也应该清楚，对方已经心不在焉了，甚至开始抗拒你了，这时候你最好转换话题或结束谈话。

（3）跷脚

这是经典的自我保护动作，通常是因为说谎者担心谎言被揭穿，才会做出这种防御性的姿势。当然，这个动作除了代表说谎的含义，还代表当事人心烦意乱，不想别人再烦他。

6.

对方把头撇开，是想要逃避

头部是人体的“CPU”，就像计算机的中央处理器。在日常交流中，大脑是肢体语言的直接支配者，一个人的情绪最先反映在头部。因此，通过观察一个人的头部微反应，可以识别一个人的内心动态，判断一个人是否在说谎。

（1）迅速移动头部

当你问了对方一个简单的问题时，对方本可以直截了当地回答，但对方的头部却突然动了一下，这很可能说明他在撒谎。心理学研究发现，撒谎者在回答问题之前会出现诸如头部后缩、低头、头部倾斜或转向一边等动作。

（2）摇晃头部

一个人在说谎时摇晃头部，代表他正在试图压制内心的焦虑，但又不能彻底地控制住头部，这是说谎的信号。

一位男士陪女朋友逛街，女友频繁地试穿衣服，试穿之后就让他点评哪件好看。一开始，男士还饶有兴致地点评，但他喜欢的衣服女友不喜欢，他不喜欢的衣服女友却表现出好感。最后，他的积极性和耐心被慢慢耗尽了，变得焦虑起来。

女友一门心思地选衣服，没有注意到男友的情绪变化，还在继续试穿衣服，让他点评。当她试穿了一件长裙和一件短裙时，他问男友：“哪件好看？”男友指着长裙说：“就这件！”同时，头部却轻微地摇了一下。

女友信以为真，因为她终于选到了一件自己喜欢、男友也喜欢的裙子，所以高兴地走向前台，男友付了账。几天后，女友穿着新买的长裙参加同学的婚礼时，男友却在不经意间透露："长裙太难看了，短裙干净利索，还能显露性感的体形，多美啊！"

女友生气地说："还不是你说这件好看吗？要不然我怎么会买呢？"男友回应道："我说这件好看，不正合你的心意吗？你明明喜欢长裙，还拿着短裙和长裙让我说哪件好看！"结果，两人因为这件事吵得都没心思喝喜酒了。

（3）抬头是有意投入的信号

当下属走进上司的办公室，发现上司正在低头写东西。如果他对上司心存畏惧之感，那么他会静静地站在原地，等候上司停下手头的工作，把头抬起来看他。就这个简单的动作，就足以表示上司开始投入到与下属的谈话中。

如果上司的头没有抬起来，嘴里却说："有什么事情？请讲，我听着！"这往往只是一个敷衍的说辞。因为他的肢体语言没有表现出任何投入的意思，聪明的下属可以对上司说："您先忙吧，等您不忙了我再来找您！"

（4）点头的频率过快

点头代表肯定、认可、认同、赞同等含义，但有时候你会发现，即使对方频繁地点头表示赞同，但谈话却没有取得你预期的进展。这究竟是怎么回事呢？我们来看个小例子：

陈辉和朋友共进晚餐，想说服朋友加盟自己刚创立的公司，担任市场总监一职。陈辉说的时候，朋友频繁点头，嘴上说着"好啊""那不错啊"。但最后，陈辉叫朋友给个准话时，朋友却说："我要考虑一下，这是个大事，必须谨慎决定！"

为什么频繁点头，却不代表同意呢？其实，点头并非只有赞同一种意思。当点头的频率过快，就像小鸡啄米时，那代表对方并未认真听你的话。既然都没有认真听你的话，那他的点头动作不过是一种敷衍，即使他嘴里发出“好啊”这样认同性的词语，那也不能代表他的真实意图。

（5）把头侧向远离你的地方

如果一个人在你讲话时，把头侧向离你较近的地方，那代表他对你的话感兴趣。反之，如果他把头侧向离你较远的地方，那代表对你的话不感兴趣。这个时候即使他嘴里说了一些让你感到满意的话，比如，积极地回应你、认同你，那也不过是在敷衍你。也许他心里正在盘算如何快速脱身，或怎样转移话题呢！

（6）头部动作与所说的相矛盾

这一点前面其实讲到过，就是人在点头的时候，嘴里却说着否定的话；或者嘴里说着肯定性的话，却做出摇头的动作。这种现象在心理学上叫“不一致状态”，是一个人说谎的经典信号。例如，老婆问丈夫有没有把洗手间打扫干净，老公说“干净了”的时候轻微摇头，这就说明他在撒谎。事实上，他可能只是随便打扫了一下。需要注意的是，这个点头或摇头的动作，是非常轻微的，不仔细观察是很难发现的。

身体动作也可能是在掩饰紧张

心理学研究发现，一个人在说谎时，身体会下意识地后退，以便与质问他的人保持距离。这是一种防御性的身体姿势，当事人试图通过这种后退的举动拉开距离，让对方无法识破自己的谎言。

“华强，昨天有位客户打来投诉电话，说我们公司有位员工在服务时态度恶劣，服务不到位。据对方反映，当时我们公司有两位员工一同上门服务，是不是你和刘安？”空调公司的客服部经理找到空调安装人员华强，求证昨天上门服务的情况。

“啊，不会吧？哦，我不知道啊，昨天我没有和刘安出去安装空调！哦，反正我没出去，刘安出去了没有我就不知道了！”华安支支吾吾，说话的时候身体向后退，似乎在有意与客服经理保持距离。

客服经理一眼就看出华强在说谎，当即拿出投诉记录，上面清清楚楚地写明了两位工作人员的姓名和工号，华强无言以对，只能乖乖承认错误，按公司制度的规定接受处罚。

如同上面的事例，华强不由自主地向后退，很明显是在掩饰说谎后内心的紧张。如果你在日常交往中发现对方在说话的时候，有意识地慢慢离你远去。那么，你应该明白，对方这个动作的潜台词就是：“你不要再问了！再问我就要露破绽了！”这说明他正在说谎。

除了“身体向后退，下意识地与他人保持距离”这个身体行为是说谎的信号外，人在说谎时还有以下几个谎言信号。

（1）单边耸肩

单边耸肩这个动作表示当事人对自己刚才说的话没有信心，是心虚的表现。如果你发现一个人说完话后一侧肩膀耸起，那表明他刚才说谎了，他说的话不可信。

（2）身体僵硬

通常来说，人在说谎时身体会不自觉地变得紧张，而且肢体动作明显变得僵硬刻板，甚至连手部动作都忘了去配合自己说谎。这是由于撒谎者出于本能的自我保护，而尽量让身体少占用空间造成的。

（3）呆若木鸡

我们知道，人在紧张时会坐立不安，有些人为了隐藏这种不安感，会刻意控制自己的身体，结果让自己变得呆若木鸡。这一点与身体僵硬有点类似，只是程度比它更深。试想，一个人如果心里没鬼，他为什么要极力控制自己的身体，不让身体暴露出不安感呢？所以，从这个角度来说，呆若木鸡的身体姿势是说谎的表现。因此，如果你发现有个人在说话时以及说话之后像个木头人似的一动不动，那他就有很大的说谎嫌疑。

（4）动作浮夸

人在说谎时，为了掩饰内心的恐慌、紧张，有时候会刻意地做出较大的动作，以掩饰自己的心虚。比如，说谎时生硬地提高嗓门，四肢的活动幅度变大，动作较为粗暴，甚至还故意咳嗽几声。这些举动的目的就是分散他人的注意力，不让他人把注意力集中在自己的话上。殊不知，这反而更容易暴露他的说谎行为。

（5）动作迟缓

有时候，人在假装发火或开心的样子，在说出了愤怒的话或高兴的话之后，会做个动作来配合。比如，为了表达愤怒，他先说几句愤怒的话，然后拍桌子。只可惜，假装的永远是假装的，说话与拍桌子之间有个明显的时间差，这个时间差就是说谎的信号。

8.

说话方面的一些突变，是在掩饰谎言

一个人是否说谎，通过他说话的语速、语调以及说话方式的反常变化均能看出端倪。一个人在说话的时候，有太多的话语漏洞可以暴露出他的内心。如果你能识破说谎者的语言漏洞，就不会分不出谁在撒谎，谁在说真话了。

下面，我们就来看看哪些说话方式代表了说谎或有很大的说谎嫌疑。

（1）突然变得很健谈或变得不会说话

有些人能言善辩，却突然变得不会说话，比如，说话结巴、卡壳、不断推倒自己的话、重复自己的话，这很可能是说谎的信号。相反，有些人平时嘴笨，不怎么会说话，却突然变得滔滔不绝、高谈阔论起来，这也很可能是说谎的信号。

（2）音量、声调一反常态

一个人在说话的时候，如果他的音量、声调一反常态，突然升高或降低，同时伴有音调的颤抖、表情的紧张，那说明他正在说谎。有研究证实，人在说谎的时候，音调会不自觉地变高，还会闲扯，选择性地回答问题。

（3）回答问题的反应时间异常

通常来说，人们很少会记住已经发生过的所有事情。如果你问他已经发生过的某件事的细节，他要去回忆，还可能反复纠正，这是正常的。比如，“我回到家，先打开电视看了一会儿，哦，不对，我先去卫生间洗了个澡，然后再坐在电视机前的。”

但是，说谎者有备而来，早已在头脑中把一切情景编排好了，他能记住所有的细节（假的细节、自编自造的细节）。当你提问他关于某件事的细节，乃至某一天他的经历时，他会快速、流利、有条不紊地说出来。而且他还会努力避免回答时说“我记错了”，以免暴露自己。

（4）用“我只说一次”提醒对方

有些人在回答问题时，会用“我只说一次”来表现自己的不耐烦，这是典型的掩饰性言论，言外之意是：你不要再问了，因为我说谎了，你再问我可能就暴露了。而没撒谎的人很清白，没有必要这样说。比如，男人在外面玩到很晚才回家，老婆问他干什么去了，他显得有些不耐烦，然后说：“我只说一次……”

（5）略带惊慌失措的自言自语

撒谎者面对一个提问时，往往先有点惊慌失措，然后借假笑的时间迅速思考，编织一个较为低级的谎言，然后异常坚定地强调自己的谎言。而且，会伴有不受控制的自言自语，甚至越说越多。因为他害怕一旦沉默下来，别人会怀疑他，多说话不过是为了掩饰内心的焦虑和不安。

（6）本能地把自己剔除出去

人在说谎的时候，会本能地把自身剔除出去。比如，男人在外面玩到很晚才回家，妻子问他原因时，他不是说“我的车坏了，我在半路修车”，而是把“我”剔除掉了，说“车坏了，在半路修车”，这是典型的说谎信号。

（7）说话离题、转移话题

有些说谎者担心别人不相信自己，于是会胡扯，讲很多离题的事情。有些说谎者面对提问，无法提供合理的解释，就采取转移话题的办法避开对方的追问。如果你确定某人在说谎，你不妨仔细观察他的表情：一旦你转换话题，他会长舒一口气，如释重负。

五、来点幽默，说好难说的话做好难做的事

美国一位心理学家说过：
“幽默是一种最有趣、
最有感染力、
最具有普遍意义的传递艺术。”
人际交流中不会总是顺畅，
这个时候幽默的语言可以帮助你轻松地化解一切。

幽默是一把顺利打开僵局的钥匙

如果两个人出现了争执，场面一触即发；如果两个人无话可说，尴尬地四目相对；如果在重要场合，却张口结舌……在这些“话在心中口难开”的场面下，话如果说得不当，那么局面可能坏得一发不可收拾，在这样的情况下，幽默的魅力更容易彰显。一句幽默的话，不仅能化戾气为祥和，也能打开僵持的局面。

莉莉所在的单位要竞标一个项目，这个项目竞争者很多，几个竞争单位的方案大同小异，可以说谁先演示 PPT，谁便占得了先机。不幸的是莉莉是最后一个上场的人，等到莉莉上台的时候，这个项目几乎尘埃落定。

莉莉面对这样的情况，不慌不忙，上台后，说：“大家知道为什么让我最后一个上场么？”大家面面相觑，不明就里，原本的不耐和敷衍荡然无存。莉莉见大家的胃口已经被吊起，注意力也被重新凝聚，不疾不徐地抖开了包袱：“那是因为我体重足够的重，能够压得住台面！”莉莉的幽默换来的是哄堂大笑。

后来，那些本来已经无心于莉莉方案的人听得格外仔细。莉莉顺利地拿到项目，同时还让合作单位牢牢地记住了自己。后来几次的合作，对方单位都指明要那个“体重重得能压住台面的人”。

莉莉正是凭借着自己关键时候的幽默，顺利地打开了局面，化颓势为优势。选择用幽默化解颓势，不仅让人喜闻乐见，易于接受，还让人对你刮目相看，对你的印象更上一层楼。

生活中难免会遇到各种难以说话的场面，在这种情况下，幽默便是一把充满魔力的金钥匙，能顺利地打开僵局。这把金钥匙如何运用呢？

（1）典故双关不可少

勺子总会碰锅沿，生活中难免有些磕磕碰碰，如果一来一往针锋相对，就会酿成一场纷争。轻则破口大骂，斯文扫地；重则拳脚相向，头破血流。这个时候不妨用一些大家都熟悉的典故和知识，为自己的话穿上“亲和力”这件外衣。

公交车的一记急刹车后，就听见一个女子的斥骂声：“德行。”原来刚才刹车时有个男人撞了她，这时候男人微微一笑：“这不是德行，这是惯性。”众人不禁莞尔，女子也有些不好意思，讷讷地道歉。

在这种情况下，男人用“惯性”这个知识，以及“惯性”和“德行”谐音谐趣，顺利地打破了尴尬的局面。如果男人不选用幽默的方法，无论是面红耳赤的辩白，还是针锋相对的恶语相向，显然都没有幽默达到的效果好。这样一来，不仅化解了自身所处的尴尬境地，还巧妙地展示了自己的宽容大度。

（2）幽默顺着话题走

无话可说，让场面无比的尴尬，这个时候即便找到一个话题，也极有可能说不了一两句就戛然而止。顺着话题的幽默，能顺利地让话题延续下去。

一男子初次约会心仪的女生，女生内向且矜持，谈话只是有问有答而已，一时间气氛有些尴尬。男子鼓足勇气问她：“你喜欢什么样的男人？”女子脸红回答：“投缘的吧！”男子立刻说道：“那头扁的可以么？”女子一看，男子的头真的微微有点扁，不禁笑开，两人的尴尬伴着笑声打破了。

机敏狡黠的男子，顺着话题展现了自己的幽默，恰如其分的幽默，打破了两人无话可说的局面，也巧妙地表露了自己的心意，这就是幽默的魅力。

(3)欲扬先抑作用大

有的时候，我们会发现，直来直往的言语，虽然也是真心实意的，但是对方并不买账，甚至会“好心当成驴肝肺”，俗话说：“良药苦口利于病，忠言逆耳利于行。”劝慰的话即便是从对方的利益出发，但是对方并不买账，让人觉得好心没有好报。这时候，幽默的效果就体现出来了，把苦口的良药包裹进幽默这层糖衣里，让人开开心心地接受，双方的情绪都不会受到任何影响。

杜若的顶头上司执意要同一家企业合作，那家企业业界风评不佳不说，债务状况也是恶名累累。有些老员工甚至用辞职来苦谏，但是上司不为所动，甚至扬言谁要再劝，不用拿辞职相威胁，请另谋高就。

杜若冲进了老总的办公室，面对着上司，杜若态度强横：“您要是执意同他们合作，那么我们的企业将看不见明天的太阳。”上司正要勃然大怒，杜若忽然笑了：“因为我听了天气预报，明天有雨！”老总也不禁笑了，同时也认识到同对方合作可能真的会出现弊端，于是再次评估对方的状况后，打消了合作的念头。

杜若的劝慰方式，和同事们的苦劝形成了鲜明的对比，采取了一种另辟蹊径的办法，用幽默的方式劝服别人，比直言的方式想必更具有优势。

心理学中，有“南风效应”之说，南风效应取自南、北风比威力的寓言。南、北风比看谁用办法能使行人把大衣脱掉，北风不假思索地来了一阵冷风，凛凛刺骨，可是行人反而将大衣裹了个严严实实，而南风徐徐吹动，使人暖意渐生，行人在不知不觉间解开纽扣，最终脱掉大衣。幽默的劝导，幽默的批评，幽默的反击，犹如南风，不仅让人没有防备，而且还能更顺利地达到预期的效果。

用幽默轻松应对棘手和敏感问题

在生活中，我们难免会被别人问问题，无关紧要的问题，自然可以知无不言言无不尽，但是那些敏感的甚至涉及隐私的问题，叫我们如何回答？更糟糕的是，提出这些让我们难以启齿的问题的人，并没有抱有多大的恶意。这种情况下，回答自己难，不答别人厌，答与不答间，真是千万难。

生活中难免会遇到剑拔弩张的情形，比如，夫妻吵架要你劝和、同事矛盾要你中和，你和同事间的小冲突等要解决，这些情势下你不得不说话。怎么说？说什么？倘若说得不好，很有可能出现一言失遗恨生的情况。

这种情况下，幽默的作用就像是一根撬棍，几句俏皮话就能轻易地将千钧的问题轻易撬走，轻描淡写间扭转局面。既避免了自己的为难，又将方方面面的人脸面保护周全了。

有一次，有记者当众问国际大导演李安："你在金球奖颁奖仪式上公然说太太强悍，那你是不是怕老婆啊？"此言一出，立刻引起全场的关注，李安笑答："像我这样的男人不需要那种娇滴滴、小鸟依人的女人，我也想依人，不能两只小鸟在一起啊！"全场爆笑。

夫妻之间相敬如宾传扬出去是佳话，老公怕老婆却是不好当众承认的。但是记者当众问起，如果不回答，或者拂袖而去，那么全场的气氛降至冰点不说，李安也会被冠上气度狭隘之名。李安的幽默既回避了正面回答这个问题，又使全场欢笑沟通无障碍。幽默就好像乾坤大挪移，谈笑间便将难以回答的问题四分五裂。

如何用好这招乾坤大挪移，用幽默一笑化解千斤重的问题？幽默是撬开敏感问题的撬棍，我们看看这个撬棍的几个支点。

支点一：答案藏在幽默里

有一种考验叫作一山放出一山拦，就像是让人不想回答的问题总是一个接着一个，小到年龄大小薪水多少，大到婚嫁真相夫妻相处之道，全要问到，而且问者大多有打破砂锅问到底的执着。这个情境下，勃然大怒让人觉得你没有气量，也会让问者对于所问的问题更加的疑窦丛生。这种情况下，我们不妨直面问题，幽默地自嘲。

俞敏洪去某大学演讲，其貌不扬不修边幅的俞敏洪一上台，便引来嘘声一片。到了互动提问环节，有个女生更是直言不讳地提出问题："俞老师，你是这样的丑，怎么还能取得成功？"

大家都屏气凝神地等待俞敏洪的回答，俞敏洪看了看这个女生，笑道："如果相貌丑的人不能成功，就不会有马云的阿里巴巴，因为谁要是认为马云好看，那就是审美有问题。但是相貌好的也会成功，就像是百度的老总李彦宏，他就像是电影明星。虽然两个人美丑不同，但是两个人有个共同点，那就是两个人都是成功人士。但是两个人从来不坐在一起，因为经过对比，情况就格外的惨不忍睹，唯一的解决办法就是我坐在中间，起个过渡的作用。"

当俞敏洪被问到丑怎么还会成功这个问题时，若是回答自己丑也成功了，难免托大，也会被当成个例，自己的答案缺少说服力；若是不回答这个问题，大学生们对于美丑和成功的关系依然不清晰。所以将答案蕴藏在幽默里面，让人会心一笑的同时也能明白道理。而俞敏洪采取了幽默的方式，不仅显示了自己的豁达，也避免了类似问题带来的负面影响。

支点二：幽默打太极

问题之所以难以回答，更多的情况是我们无法回避。在应聘的时候，用人单位如果提出刁钻的问题，大家该怎么办？不回答，那么你渴慕已久的工作便要琵琶别抱；回答，又的确难以启齿。这个时候不妨试一试幽默，用幽默打个小小的太极，不仅能缓解自己的为难，还能让它成为自己求职的点睛之笔。

冉冉就是俗称的“剩女”，平日里最反感的就是别人问自己为什么还不结婚，什么时候打算结婚。每当被问到这种问题的时候，冉冉总是控制不住地往天空翻白眼。但是今天不一样，冉冉必须回答这个问题，如果回答得好，那么这份朝思暮想的工作就会花落冉冉，如果回答得不好，那么冉冉只能忍痛和这份工作挥手作别。

“你为什么还不结婚？”面试官的第一个问题丢了过来。

“因为我心仪的人还在路上。”冉冉也摸不清楚面试官的意图是结婚好，还是不结婚好，只好这样作答。

“那你打算什么时候结婚？”

冉冉想了想，道：“等我翻过高山，越过大河，斩开荆棘，杀掉恶龙，打败女巫的时候。”

面试官们大多为冉冉的幽默开怀一笑，也大致明了冉冉强烈的事业心和对爱情的坚持，结果自然是冉冉获得了这份工作。

面对这两个问题，大多数人会回答具体的时间、具体的原因，但是这些恰恰是冉冉不愿意回答的。她运用幽默巧妙地打了一记太极拳，看似回答了问题，其实面试官什么具体的答案也没有捞到，既保护了自己的隐私权不受侵犯，又给了面试者以最有想象空间的答案，同时幽默的言语为冉冉自己增色不少。这种幽默的太极，以柔克刚，化解尴尬于无形。

支点三：幽默的曲解

自己的问题自己办，可是生活难免会给你当和事佬的机会。这个时候如何回答问题可谓难上加难，说轻了于事无补，说重了火上浇油，但是却不能不说。轻重缓急利害之间，幽默的曲解，也许能缓和事情。

王刚刚进公司，带他熟悉公司的便是李永，两人年纪相仿，很快就以兄弟相称。这天王刚听说李永请假在家，便前去探望，才知道李永家“后院起火”，跟他本来如胶似漆的女朋友，现在非要闹着分手。李永绷着脸，抽着烟，一言不发，李永的女友泪珠吧嗒吧嗒一个劲地往下掉。王刚正不知道从何劝起呢，李永的女朋友就哭着说：“王刚你来得正好，你说说，我同李永有共同语言么？”王刚想了想，摇摇头说：“没有！”

听完这句话，李永立刻瞪了王刚一眼。王刚不慌不忙地说，“李哥说的四川话，嫂子说的是河南话，哪能有共同语言呢？李哥，从明天起，你变成河南腔。这样不就有共同语言了么？”“扑哧——”王刚一句话，就把李永的女朋友给逗笑了，气氛立刻缓和下来。

后来王刚才知道，两个人吵架根本没有什么原则性的问题，只是在论及婚后买什么家具和电器的时候，审美情趣不统一罢了。因势利导地再劝导几句，两个人就和好如初了。

王刚故意地曲解了“共同语言”，利用曲解达到的幽默效果，让两人开怀的同时，缓和了矛盾。首先做到让人冷静下来，局面没有那种一触即发的紧张感，随后再因势利导，必然事半功倍。

用幽默四两拨千斤的时候需要注意的事项：

① 并不是所有的尖锐问题都能幽默以对，涉及基本原则的问题，大可以直接驳斥，这时候采用幽默只会让对方得寸进尺。

② 幽默能帮人从难堪问题中潇洒地解脱出来，但是选取的幽默角度一定要恰如其分，不能一个问题解开又产生新的问题。

③ 在重要场合的幽默一定要发挥自如，不要刻意，着了痕迹反倒不自然，幽默的效果不能发挥，反而会让效果适得其反。

幽默是调节气氛的“强力清新剂”

心理学中有一个众所周知的黑暗效应，所谓的黑暗效应就是在光线比较暗的场所，约会的双方看不清对方的表情，则会减少戒备，产生安全感，在这样的情况下，彼此产生亲近的可能性则远远地高于光线比较亮的场所。

在我们的现实生活中，一般人都是根据外界情况决定自己应该掏出多少心里话。如果场面严肃认真刻板，那么人们常常在心理上保持一种戒备感，表现出来的也是严肃认真刻板；如果场面轻松活泼，那么人们容易有安全感，表现出来的也是真真实实的自己。从心理学的这个效应我们不难看出，人与人交往的环境，即氛围，是多么的重要。

氛围虽然重要，然而轻松自在的氛围却是可遇不可求。刻板的氛围，会让人相看两相厌；沉重的氛围，会让人心中沉甸甸。在这样的氛围下，一句俏皮的话，一个善意的玩笑，一句无奈的自嘲，一个滑稽的手势，都会充当调节气氛的“强力清新剂”，让晦暗的气氛一扫而空，取而代之的是轻松自在氛围下，人们无拘无束的交流。

阿英是应届毕业生，跟几个同学一起去应聘一份行政秘书的工作。也许是因为太看重这次面试了，阿英的同学个个谨小慎微，唯恐回答错一个字，字斟句酌不说，还正襟危坐，整个面试的大厅除了考官们偶尔交流几句，剩下的是一片沉闷，而且考官们大多面色阴沉，似乎对于大厅中坐的十几人没有一个满意的。

轮到阿英了，考官问了个问题：“在工作以外的方面，你还有别的要求么？”这时阿英的肚子正好不合时宜地咕咕叫了起来，阿英俏皮地说：“没有什么请求，只需三餐正常。”诙谐的话，一下子让场面活泼起来，考官们的脸也似乎不那么古板了，随后的问题，轻松了许多。

虽然阿英的幽默发挥，有几分巧合，但是幽默在调节气氛方面，的确是有奇效。气氛冷，是人与人之间交流的大忌，巧用幽默，能打破僵局活跃气氛。

虽然大家都知道，冷场难待，冷脸难看，幽默相待，冷气化开，但是说得容易做得难。顺利用幽默打开冷场，让气氛回暖，这里有几个妙招。

（1）见缝插针

枯燥的内容难免让人感到恹恹欲睡，陌生的内容难免让人会心生疏离，无论是恹恹欲睡还是心生疏离，肯定会形成一股低压气场，这样的氛围肯定是不利于继续交流的。互动不起来，就像是对着墙壁练球，不仅乏味，而且缺乏必要的效果。这个时候，见缝插针的幽默，会让人对不熟悉的内容开始感兴趣，也能缓解枯燥内容带来的乏味感，如同即便不好吃的菜肴，如果点缀精美的话，人们也会动筷子。

蔡琴在北京开第六次个人演唱会的时候，最开始唱的原创歌曲一直没有让场子热起来，更多的观众只是静静地听，并没有太多的互动。蔡琴在《被遗忘的时光》开场后，就开始展现了她的好口才，每两首歌的间隙，都会说一些幽默的话语，不管是她12岁时候戴眼镜很丑的样子，还是在演唱《海上花》间奏时候自曝忘词，让场面一点一点地热络起来，终于在唱到《用心良苦》的时候，带来全场第一次大合唱。从这个时候起，整场演唱会一直处于观众一边打着节拍一边合唱的热烈气氛。

蔡琴活跃演唱会气氛就用了幽默这一“空气清新剂”，用幽默不仅将老歌串在了一起，同时也减少了观众对于新歌的隔阂。演唱会的主角自然是歌曲，但演唱歌曲的间隙就有了幽默发挥作用的余地。

（2）巧转话题

话题是谈话内容得以维系的重要纽带，如果当对方想听忠、孝、礼、义、廉、耻、信的时候你讲些风花雪月，恐怕对方很难回应你说话的内容，那么谈话的气氛就会逐渐变冷，最后成为你一个人夸夸其谈的独角戏。如果你意识到了这点，但是突然转换话题又有刻意的嫌疑，不如说一些幽默的话，做一些俏皮好玩的动作，让话题转移得不露痕迹。

赵三是电影学院的学生，周末要跟心仪已久的女孩吵吵第一次约会。赵三深知，想要毕其功于一役，就要在谈吐上下足功夫。约会刚开始，赵三就开始谈论目前电影的潮流，3D技术的发展，虽然他觉得说得已经是天花乱坠，但是从吵吵嗯嗯啊啊的回应中看，她似乎对这些话题不怎么感兴趣。赵三便说："昨天我去看了张艺谋导演的《山楂树之恋》，觉得他这是从商业片到文艺片的回归。"

吵吵回应得一如既往："嗯！"

赵三又说："我看完《山楂树之恋》往回走的时候有些饿，便想去吃串炸臭豆腐，没有想到在臭豆腐摊子上看到了周杰伦。"

吵吵的兴趣立刻被勾起了："哈哈，怎么可能，周杰伦怎么会吃炸臭豆腐？"

赵三狡黠笑道："我在炸臭豆腐那里看到的是周杰伦的海报，看来杰迷还真是多呢！"

吵吵立刻欢呼雀跃："是啊，我也是杰迷呢！"

赵三巧用幽默打开了新的话题，不仅过渡得天衣无缝，而且原来的话题还可以继续，比如可以探讨周杰伦参演的电影。巧用幽默，以幽默带出话题，也让幽默转变话题，在话题的变化间，总有一个话题适合对方。

（3）以冷攻冷

突发的不利情况也会造成场面的"冷"，这个时候如果用热笑话来暖场，可能听的人并不买账。在这种情况下，不妨试一试以冷攻冷，让气氛在冷幽默中回暖。

有一次，丁俊晖在中国的公开赛上表现失利，媒体大加报道。面对这样的情况，丁俊晖的粉丝们大多愤恨不平。回到新闻中心后，记者和粉丝们截然不同的态度造成现场出现了无法继续的冷气压，这种情况下，有记者问丁俊晖："去英国比赛的心情是怎么样的？"丁俊晖神秘一笑，说："我不告诉你！"

如果丁俊晖回答压力很大，势必会激化在场粉丝的情绪，造成粉丝对新闻工作者的排斥和敌视；如果丁俊晖回答压力不大，那么他很有可能再度被大肆报道，进而影响比赛的情绪。丁俊晖的"我不告诉你"之于粉丝，是种近似于孩子气的无赖，之于媒体，是种明哲保身的冷幽默，但是不管是哪种，丁俊晖都成功地稳定了现场活跃的氛围，之后的采访等环节得以顺利进行。

幽默是调节氛围的遥控器，但是还有几个小环节需要注意：

① 看环境，当你在追悼会上成功把大家逗笑，那么给你的可能是一顿拳脚。

② 莫弹老调，翻来覆去讲的都是一个笑话，那么气氛只会诡谲到大家沉默，你一个人笑。

③ 情趣健康，不要为了调节气氛刻意地油腔滑调，这样会让人觉得趣味低级。

④ 自然，刻意地用幽默活跃气氛，不够自然，会让人觉得矫揉造作，装腔作势。

用幽默化敌意为善意，以退为进

你有没有这样的一种体验，同人说话的时候，别人还没有等到你的观点阐述完毕，就忙不迭地进行驳斥，态度蛮横，强词夺理？当你面对这样的情况，就要有所认识，他可能对你产生了敌意。

这种敌意产生的根源未见得是利益冲突，也未见得是深仇大恨，有时候是因为嫉妒，有时候是因为误会，有时候是因为自大，甚至也许只是有意无意间的一句话，举手投足中的一个手势，都能让人产生敌意。

如果同你交流的人对你产生了敌意，那么对方就不会再轻而易举地接受你的观点。你的交流无法继续，人际关系也会终止于此。这样的情况下，该如何应对呢？是慷慨激昂地对对方口诛一番，彻底地丧失这条人脉呢？还是巧妙化解对方的敌对情绪，继续交流下去呢？

大多数人的答案都会选择后者，这个时候用幽默巧妙地化解敌意，不失为一个化敌意为善意的诀窍。

应届毕业生敏敏在第一份工作中遇到的最大困难，就是林秘书，不知道为什么林秘书总是喜欢挑她的“刺”，从来不放弃任何一个打击她的机会。

这次，在单位召开的工作总结会议上，林秘书的矛头又指向了敏敏，说敏敏总是喜欢出风头，所做的策划都是徒有其表，没有可行性。

就在大家认为敏敏会勃然大怒的时候，敏敏诙谐地来了句：“跟着凤凰飞的都是俊鸟，之所以俊鸟俊俏，都来自凤凰的教导，我以后要多多向林秘书学习，早日克服缺点，成为俊鸟中的一员。”

大家哈哈大笑，事后无不称赞敏敏这个小姑娘豁达，林秘书也从敏敏的话中听出敏敏无意威胁自己的位置，对敏敏的态度改变不少。

心理学家曾经说过，当人们一起发笑的时候，他们就会觉得彼此间的关系更加和谐。所以，幽默的运用，能很快地化解人心中的敌意，让人平静下来，缩小人与人之间交流的差距，打破交流僵局，使人在交流中，更加如鱼得水。

那么怎么样在人际关系中运用幽默，使自己的交流更加和谐呢？

第一步：避开锋芒

无论是在生活中还是工作上，必要的退让都能带来一定的好处。咄咄逼人容易将交流带进死胡同，用幽默来曲折迂回地化掉对方的敌意，往往能达到“退一步，进两步”的战略效果。

李子技校毕业后，便开了一家理发店，自主创业。兢兢业业的服务态度，过硬的理发技术，让他的小店非常红火，但是也招致了几个同行的嫉妒。

国庆到了，李子为了促销，打出了“不满服务一百一”的招牌，也就是说，如果客人对他的服务态度不满意，就可以获取110元钱的赔偿。

这个别出心裁的广告为李子招来了很多的客人，也让那几位得了红眼病的同行看见了可乘之机。于是一个奇怪的客人出现在了李子理发店，大模大样地坐在了椅子上，并指明要李子为他设计一款最时髦的发型。他是一个秃子，李子明白这是蓄意挑衅，但是如果同他争执，那么店内的生意必然会受到影响，而且在顾客心中会留下打架滋事的口碑。于是李子不动声色地为秃子洗头，然后又给秃子做了头顶按摩，之后就给别的顾客理发，不再搭理秃子。

秃子说：“你这什么态度？我一点都不满意，退我110块钱！”

李子笑了笑，好脾气地说：“您看，您要理发，我必须要等到您的头发长出来啊！”

秃子摸了摸自己的“不毛之地”，又看了看笑容可掬的李子，再也没说什么，转身走掉了。

李子这样做，既保持了风度，赢得口碑，又给对手留下谦和宽厚的印象，并没有让有敌意者颜面扫地，反而最大限度地保护了有敌意的人的面子，含而不露地告诉竞争对手自己本身没有恶意。后来那几个竞争对手都不好意思再找李子的麻烦。

幽默巧答，灵活解脱，用幽默的“春雨”浇熄怒火，让人与人之间消灭敌意，增强好感，产生友谊。

第二步：迂回化解

敌意来势汹汹，幽默必须有艺术，有技巧。幽默运用不当，只会让敌意更加强烈，同时也让自己陷入被动。化解别人敌意的同时还要让对方对自己产生新的认识。

近年来，媒体上总是会出现农民工在城市犯罪情况的报道，有时候还会渲染、夸张。正是受到这种情况的影响，小邓一进入大学，就对来自农村的小李抱有一定的偏见和敌意。

有一次，小邓挑衅地问小李：“你们农村，犯罪率高，死亡率一定也挺高的吧？”小李云淡风轻地答了句：“跟城市一样，每个人死一次而已。”

如果小李直截了当地就事论事，肯定无法消除小邓根深蒂固的观念，反而小李直接的反驳会让人认为自己恼羞成怒。幽默的一句，不仅巧妙地回答了问题，又能将事情的黑白曲直表述清楚。小邓讪然一笑后，是深深的不好意思。自此后，在寝室中，两人最为要好，也算是不打不成交。

第三步：后发制人

别人对我们抱有敌意，倘使是我们的过错也就罢了。如果并不是我们的错误，难免会产生委屈，会控制不住自己的情绪对对方加以指责。幽默却能比指责更能表现我们的善意，有理的我们若是能撇开严肃的态度，用幽默的语言对有敌意的对方加以暗示性的责备，那么对方会更能明白我们的善意，更容易化解敌意，消除我们沟通中的障碍。

小李恃才傲物，但是资质平庸的小林却升职成为自己的顶头上司。小李大为不满，在工作上用不配合、不响应、不说话的“三不”政策进行软性抗争。小林看在眼里，却一直没有动作。

这天，小李来到小林办公室，发现小林正聚精会神地给一份企划案挑错别字，一个字一个字地挑，竟然一张 A4 纸上都是圈圈点点。看了看这份企划案作者，竟然是自己，小李不禁大惊失色，该不会小林这次要报复自己吧？谁知小林并没有多说，小李自己不好意思地主动说：“错别字不少吧？”小林笑笑：“是啊，不过还是有正确的！”

小林并没有直接批评小李将对自己的敌意带到了工作里，而是幽默地用小李自己的“错别字不少吧”做了做文章。首先幽默地先用肯定而后转折的形式表达了自己的不满，这样的委婉，既责备了小李，又不至于引起小李更大的情绪反弹。没有锋芒毕露而是和颜悦色，小林的态度让小李心悦诚服，最后成为小林手下的一员悍将。

用幽默来化解敌意，运用的是以退为进的策略，辅之以智慧的行动和幽默的语言，往往比一味地采取进攻策略更加的有效。

面对突如其来的敌意，我们一定要先从自身找缺点，然后对症下幽默地解决问题。但是需要注意的是，幽默并不是一味消极地退让，而是在互相尊重、互相理解的前提下，适当地委婉和谦让。用幽默化解敌意，一定要做到有理，即本身自己有理有节，否则，过犹不及，过度的幽默可能让对你心怀成见的人认为你是在嘲笑他。

用幽默借力打力，趁势进行反击

古语有云：“恶声至，必反之。”翻译过来就是，当别人对我们恶言相向的时候，完全没有必要再做谦谦君子，而是要用恶语还回去。

生活中，不乏有故意找茬挑事的人，这种人的最根本目的就是想让你在众人面前颜面尽失。如果你视而不见，他肯定会得寸进尺、变本加厉，如果你退避三舍，他肯定大肆嘲笑你有懦弱的嫌疑。

这时候，我们就要放下我们的宽容和稳重，毫不犹豫地反击回去，晓以利害，让他记得痛处，下次必然不会轻易造次。

如何反击？当狗咬人的时候，人必然不能咬狗，因为这样一来，好端端的仁人君子，就降低水平成野狗了。如果你对别人的无礼攻击以牙还牙，别人对你吹毛求疵你就对别人嘲笑挖苦，这绝非是高明的反击技巧。最高明的技巧是运用幽默进行反击，谈笑间樯橹灰飞烟灭。

2008 年北京奥运会上，美国选手菲尔普斯与塞尔维亚选手卡维奇同时跻身 100 米蝶泳决赛，最终几乎同时触壁。通过反复研究比赛现场录像，最后裁定菲尔普斯以 0.01 秒极其微弱的优势摘得冠军。赛后，有美国媒体报道称，卡维奇不服，称这是为了帮助菲尔普斯完成八金梦想的阴谋。

冤家路窄，两人又在世锦赛上再次遭遇同样的项目。菲尔普斯以领先卡维奇 0.13 秒的优势，再一次在两人的对决中获胜。

颁奖仪式后，有美国记者向卡维奇挑衅：“你是否在奥运会后有针对菲尔普斯的言论？”面对如此不客气的问题，卡维奇毫不犹豫加以反击：“我首先要澄清这不是我的原意，而是媒体‘演绎’出来的，尤其是美国媒体，你们的创造很有趣很生动。”

卡维奇的反击，用媒体之矛，攻记者之盾，回答却不失幽默得体，让记者灰溜溜地碰了一鼻子灰的同时，含蓄地表明自己的态度，不再给个别媒体造谣生事的可乘之机。

如此看来，幽默不仅是将生活点缀得多姿多彩的鲜花，让人心情愉悦，舒坦无比，关键时刻，幽默还能化身为一把利器，给予无礼挑衅者迎头痛击，让其连滚带爬地退将下去。

而幽默的更大好处在于，不仅理智地回应挑衅，又不至于损伤自己的形象，避免了两败俱伤的情况出现。

当别人试图用恶毒的语言攻击你的时候，提高警觉的同时，不要手足无措，立刻用幽默把你的怒气、你的不满表达出去。

（1）借力打力

借力打力，就是把对方给予你的攻击原封不动地还回去，顺水推舟，借力打力，使对方的打击和你所受到的打击成为正比，找准要害，反应迅猛，肯定让对方哑口无言，自食苦果。

张猛虽然名字中有个“猛”字，但是长相同威猛丝毫不沾边，他个子矮小不说，后背还有点微微的驼。上次参加一次单身联谊会，为了让女孩们更注意自己，有一个男人忽然指着张猛说：“巴黎圣母院正好缺一个敲钟的，你还不赶紧去？”

张猛没有自惭形秽，也没有口出恶言，只见他很惊诧地对那个男人说：“这么说来，你从那里辞职了么？”

众所周知，《巴黎圣母院》中塑造的敲钟人是个相貌极其丑陋的驼背，对方显然是利用这一点来攻击张猛。张猛却借石反砸，用对方怎么知道巴黎圣母院缺少敲钟人进行回击，把对方扔过来的石头又扔了回去，巧妙自然地避免了陷入被侮辱的境地，反倒让人觉得张猛有“骤然临之而不惊”的机敏，还有“无故加之而不怒”的度量。

（2）难得糊涂

幽默的反击，是不战屈人之兵的战斗。当对方摆下请君入瓮的面孔的时候，不妨用难得糊涂这一招顺利金蝉脱壳，不仅让对方不再小觑你的威力——不软不硬的钉子，也能让对方有个台阶下，不至于恼羞成怒。

峰峰是个有苦恼的美女，她的苦恼来源于总是会受到来自各方的轻薄。说轻了对方不会引以为戒，说重了难免生出事端，毕竟得罪十个君子没有大碍，得罪一个小人可能后患无穷。

这天，峰峰和同事们去马场骑马，马场的老板向美丽的峰峰大献殷勤，峰峰不以为然，马场老板却轻飘飘沾沾自喜。当看到两匹马交颈温存的时候，竟然说："那就是我想做的！"

峰峰白了他一眼，不紧不慢地说道："那你就去做吧。"就在马场老板面露喜色的时候，峰峰又补充了一句："反正它们都是你的！"

马场老板立刻像泄气的皮球一样瘪了，对峰峰再也不敢语出不敬。

难得糊涂造成的幽默效果，是绵里藏针，不仅让那些心怀不轨的人挨了扎，还让那伤口小得可以忽视，在保护自己的同时，保护了别人的脸面，避免激怒对方造成更不良的后果。

（3）用挑衅的问题代替答案

从心理学出发，幽默是种很巧妙的防御机制。这个机制的巧妙之处还在于，让自己从攻击中解脱出来的同时，还能带给人以欢畅的效果，变紧张为愉快，又能让对手自愧弗如。重新建立起自己同敌对的人之间理性而和平的气氛。

上次一个都市报的朋友出去采访，但是摄影设备忽然产生了故障，不得已就借了被访者家属的普通数码相机救急。这个情景落到了晚报记者的眼里，都市报同晚报向来势同水火，来往唇枪舌剑已经是司空见惯的事情，这样的情景怎能放过？晚报的记者便说："你怎么用这么不专业的机器啊？还不如我拍好了，送给你呢！”

都市报朋友对他的回答只是微微一笑，说：“这就是我为什么要用这样的机器的原因喽。”

他幽默含蓄地将对方极具有攻击力的问题当成答案，意思就是，你技不如人，即便是专业的器材到了你的手里也是明珠暗投，更深的意思是，你拍照的水平太烂了。如果他直接说出这话的意思，可能这冲突没完没了，淡淡短短的一句话，打击了对方，抬高了自己，更重要的一点是，平息了一场即将展开的纷争。

用幽默打击对方，一要注意力道，别人的敌意若是像蚊子叮咬，没有必要我们叮咬的主角就换成眼镜蛇。二要注意冷静，激动的情绪也只会让你方寸大乱，诙谐幽默都会忘掉。三是幽默一定要有针对性，有了枪不能胡乱地放子弹，要有个方向，要仔细听取对方的话，找到最大的漏洞，争取一招之下让对手的翻身概率微乎其微，才能达到和巩固自己的效果。

六、管住你的舌头，别说让自己后悔的话

百病由口入，百祸由口出。

成熟的人，

“讷于言而敏于行”，

他们知道哪些话该说，哪些话不该说。

我们也要管住自己的舌头，

不能让它意气用事，

更不能让它发出于事无补的怨言……

一旦不应该说的话说出了口，

便覆水难收。

1.

特定场合下，实话未必要实说

说实话，代表一个人诚实与否，在大是大非的原则问题上说实话，是一种美德，但是当我们同朋友秉烛夜谈的时候，你会不会直言不讳地指责他吹牛？当我们同爱人花前月下的时候，你会不会说她该减肥了？当我们同客户交流的时候，你会不会拍案而起说他是个暴发户气质偏偏要冒充文艺青年？当我们同老板就某个问题展开讨论的时候，你会不会说死秃头不懂别装懂呢……生活中很多时候很多场合，实话未必能实说。

张娜拉就为自己的“实话实说”惹上了麻烦。南朝鲜籍艺人张娜拉参加南朝鲜某综艺节目的时候，称“每次制作经费紧张都会来中国演出”。

其实张娜拉说的是事实，很多南朝鲜明星都把中国庞大的市场当作一个圈钱的地方，这是不争的事实，但是张娜拉却实话实说，这样的言论大大地伤害了国人的感情。此番言论一出，立刻引出一片“倒张”的风潮，张娜拉为自己的失言流泪道歉，奈何国人还是不买账。

瞧，在一定的场合下，实话就是不能实说。这样的实话，伤害的是别人的感情，损伤的是自己的形象。那么在什么样的情况下我们不能说实话呢？

（1）预见产生不良后果，不宜实话实说

知道既定的后果，就是说你明白你这番言论代表着什么，明白此言论会引起轩然大波，由此引发的后果是不良的，不利于事件的整体发展。在这种情况下，说实话简直就成了一种“犯罪”。

受到金融风暴的影响，英国对即将在伦敦召开的奥运会怨声载道。为了节省经费，伦敦奥运会下令砍场馆，国际奥委会也默许伦敦奥运的节约政策。英国文化部负责奥运事务的国务大臣特莎·乔韦尔说，金融风暴影响之下，2012年夏季奥林匹克运动会对主办城市伦敦而言或许“令人分心”。她几天前对商界人士说：“如果早就知晓如今形势，我们还会申办奥运会么？我们肯定不会。”

此言一出，国务大臣变成了大家炮轰的对象，尽管2002年英国经济学家已经预见，伦敦举办奥运会仅仅会成为一场举国欢庆的大派对，只能振奋民心，却不会对国民经济或者体育发展带来持久的效益。金融风暴也是事实，挪动了将投入到基层体育的资金补伦敦奥运会的窟窿也是事实，为什么国务大臣还会遭受到大家的炮轰呢？

奥运会意味着什么？是举国的盛事，所以伦敦市长鲍里斯·约翰逊认为无论何时办奥运会都是好事，“困难时期恐怕更是这样。我相信，伦敦东部在建项目将及时为城市打上至关重要的一针”，伦敦获得2012年奥运会主办权“极其幸运”。在野党保守党的发言人安德鲁·博夫指责乔韦尔相关言论“极不负责”，影响投资者的信心。“如果负责（奥运事务）的国务大臣尚且对奥运会长期影响缺乏信心，那么，私营经济部门干吗还要冒险作大量投资？”看，这就是“知道既定后果”还要实话实说的后果。

（2）在特定的场合，不宜实话实说

有的时候，应景的话必不可少。什么是应景的话？为了适应当前的境况而去说的话就是应景的话，比如说，有个人的孩子满月了，大家众口夸赞这个尚且没有长出牙的婴儿将来肯定会大富大贵，这便是应景的话。在这个时候，众口一词，你如果实话实说地来句，孩子将来也会死的，肯定会遭受大家一致的挞伐。并不是所有的场合都适合实话实说。

韩刚已经三天没有吃饭了，这三天他过着水深火热的日子，没水喝，没饭吃，偶尔还要收获来自老婆的白眼，这简直是一场因为实话而引发的

“血案”。

2月13日，韩刚抱着一束玫瑰敲开了自家的房门，老婆很疑惑：“不是14号才是情人节么？”韩刚立刻说道：“13号是小情人节，不管你跟我结婚多少年，你始终是我的小情人，这点是不会随着时间的变化而变化的。”

韩刚的深情款款让老婆很动容，她立刻下厨做了几个韩刚爱吃的小菜。喝了两杯水酒的韩刚开始得意忘形。这个时候，身材已经变形的老婆又问了句：“老公，你真的拿我当你的小情人才送我的花啊？”韩刚实话实说：“嗨，哪啊？今天买玫瑰花便宜就是——”当韩刚意识到自己说错了话的时候，明晃晃的盘子已经向他飞来。

实话实说，在这种场合下是多么的不合时宜。实话实说固然是种美德，但是在应景的场合下，偶尔的言不由衷不失为一种获得众人好感的途径。

（3）对于特殊的人，不宜实话实说

生活中我们总能遇到与众不同的人，可能他们是影响你这一年收入的大客户，可能他们是决定你能否升职的大老板，可能是决定你全心全意爱恋的恋人，这些人对你而言，不是过目即忘的路人甲，而是很特殊很重要的人物。还有一种特殊人物，他们同常人不同，可能他们身有残疾，可能他们身患重病，这些人也同样特殊，面对这样的人的时候，有些时候还是不能实话实说。因为这个时候的实话实说，只会刺痛他们。

央视主持人周涛是“预防艾滋病宣传员”。在一次新闻颁奖礼上，周涛当时表示，我们能够成为宣传员，一方面说明我们都是幸运的健康者，没有传染上这种可怕的病毒；另一个方面说明我们的生活检点，没有那些不良嗜好。周涛的这番话，被很多网友认为有失水准。

众所周知，在艾滋病患者中，母婴传播、献血原因等也是染上艾滋病的途径，这两个途径经常会上演一幕一幕的人间悲剧。周涛曾主持过《真情无限》，在节目中呼吁关爱艾滋病患者，她不会不知道这些传播途径。对于这件事情，周涛表示：“现在各种资料都显示，吸毒、性传播是感染艾滋病的最重要途径。国家和社会各界对此都是十分重视，我作为宣传大使如果藏着、掖着就是没有尽到责任。”

周涛说的是实话，但是并不准确，而且从专业角度、社会学的角度来说，对于艾滋病的患者应该给予极大的同情。周涛用宣传大使的身份在公开场合的实话实说，显然是刺痛了艾滋病病人这个特殊群体的心灵。

实话实说是种美德，但是实话实说有的时候只会招惹尴尬，在众口一词的赞美的时候如果你实话实说，往往会给众人以“万人皆醉你独醒”的疏离感，这对于社会人而言，是种很大的麻烦。而且对既定的事实避免实话实说，不管你怎样实话实说，对于既定的事实而言，都难以逃脱马后炮的嫌疑。

憋不住话如憋不住尿，容易出丑

有句网络流行语是这么说的：“从医学角度看，所谓幼稚，就是既憋不住尿，又憋不住话；所谓不够成熟，就是只能憋得住尿，却憋不住话；所谓成熟，就是既憋得住尿又能憋得住话；所谓衰老，就是只憋得住话却憋不住尿。”

这句网络流行语虽然将说话同大小便联系在一起稍显粗俗，可是话糙理不糙，成熟的人的确是会憋得住话的，憋住的话自然是那种在一定场合下不能说的话。

成熟的人知道，在一些特定的场合下，对着一些特定的人，如果凭借着血气方刚、满腔热忱一吐为快，那么下场只能同“憋不住尿”的下场一样贻笑大方。贻笑大方尚且是不幸中的万幸，更有甚者因为憋不住话而给自己带来无妄之灾，轻则招人反感，重则有祸事上门。

曾子墨是凤凰卫视的当家花旦，主持风格清爽高雅，但是就是这个让大家喜欢的主持人就因为憋不住话被大家炮轰。

她在接受杂志采访的时候，谈起了“关于女人你不知道的100件事”，说道：“中国汉子甚至整个中国社会，对女人的要求其实还逗留在‘忠贞’。就我的观察而言，美国汉子很是注重家庭，若是婚后遭遇了另一段热情，他们会先提出离婚，这是对伴侣和热情的尊敬。而在中国，汉子们会挑选‘包二奶’，或许‘三奶’‘四奶’。一个不偷不抢的‘二奶’有什么错呢？谈了屡次恋爱的女人又有什么光荣呢？”

对曾子墨的话，网友简直是一边倒地给予了回击：“从偷别人的家庭到偷别人的老公，这不是偷不是抢么？”一边倒的网友所看到的都是“二奶”的坏处，但是从另外一个角度看，曾子墨说的未尝不是事实。“二奶”的出现就是从一个畸形的角度证明了经济学的道理，那就是有需求就有供给这个简单的道理。但是曾子墨没有考虑到作为一个公众人物，面对的是社会，所以她将憋不住的话一吐为快的结果就是被网友大肆炮轰。

老一辈的人总是这样劝诫年轻人：“出去讲话要小心，祸从口出！”但是一般来说，憋住话确实很不容易。如何憋住话呢？

（1）话出口时思一思

做事要三思而后行，其实说话也是一样的。当我们在说话的时候，将我们马上就要脱口而出的话掂量掂量，中士杀人用舌端，我们口中的话是能起到春风化雨的作用，还是能掀起一场小规模的“血雨腥风”，明白了这句话的杀伤力后，我们再考虑要不要将它说出口，或者是要不要给它穿上委婉这件外套。

朋友郑重在微博上写下同邱刚绝交的话语，理由是邱刚这个人不懂得感恩。

前些日子朋友郑重去香港，回来郑而重之地给邱刚带回一包据说是香港特产的东西。邱刚心怀憧憬地打开，竟然是一包德芙巧克力。邱刚边吃边说：“这种巧克力哪都有卖啊，咱们村口的小卖铺就有。”

当时郑重的脸阴沉下来，鼻子也有点歪，邱刚没有把他歪掉的鼻子同生气联想在一起。这时候郑重阴阳怪气地说：“你看你这人，我从香港大老远地坐上飞机坐汽车把东西送到你家门口，你这样说话真伤人。”

“既然你费这么大的力气，为什么不买点新鲜的东西！”

郑重拂袖而去，邱刚如坠云里雾里。

人之常情，人家给带了礼物，不管喜欢不喜欢，不管价值如何，除了表示感谢都不应该有二话。像这样边吃边批评别人的话，就属于没有憋住，造成了朋友的怨怼。如果这话能在脑子转一圈，也许会想到这话的不当之处。

（2）憋不住话时找对人

都说忍无可忍无须再忍，当我们总是憋着话的时候，难免会憋到内伤，偶尔的发泄必不可少。可是谁能听完我们的牢骚、抱怨、不满而不做出任何伤害我们的举动呢？所以当憋不住话的时候，找对人倾听也是至关重要的。

好友三个月前被炒了鱿鱼，据说是说错话了。大家都很诧异，因为好友是那种很能憋住话的人。后来才知道，好友是“遇人不淑”。

公司里面有个跟好友年龄相仿的小秘书，青春朴素温柔体贴，看起来完全“无公害”。好友跟她很好，后来也就成了朋友。

好友的公司很大，派系林立分明。好友虽然人前能憋住话，其实内心对这种举动很是不以为然，就无数次地跟小秘书讲“领导太蠢了”“××是个傻瓜，不知道为什么会爬得那么高”之类的话。

等到过了几天，领导找好友谈话，问好友是否说过某些话，好友立刻明白了，因为这些话，她只对小秘书一个人讲过。等到好友辞职后，公司的前台才告诉好友，那个小秘书是公司老板的情人。

公司同事间的关系，大多千丝万缕，因为有利益的纠葛，所以难以滋生友谊。如果遇到走得稍微近一点的同事，没有到交心的地步就把别人当成无话不谈的好友，然后将心中苦苦憋着的话一吐为快，这常常是为自己埋下一颗定时炸弹。在职场中，有些话就是连对特别信任的同事说也要十分的谨慎。

（3）话出口时转一转

在生活中，在职场上，因为憋不住话而出口成错的事情比比皆是。无论是场合不对，还是时机有误，无论是对象不分，还是话题不对，憋不住的话往往是不可以出口的话，一旦出口，往往会以得罪人的下场告终，而得罪人就算是事后花再多的力气也不能弥补。所以当我们憋不住的话马上要一泻千里的时候，不妨转个弯子，用轻松、幽默、不刺伤人的语言将它表述出来。

文丽是一家广告公司的职员，她简直无法继续忍受她们创意总监白痴一样的创意，不知道是不是江郎才尽，每次的广告创意都是请很呆的明星，很土的口号，还每次都要问文丽的意见。文丽每次都把抨击的意见憋回去，但是现在她无法再继续憋回去了，接连两次广告投放市场的效果都不好，继续这样下去，肯定会有人拿她开刀。

这次，创意总监又推出一个囧得不行的广告创意，文丽柔声细气地告诉创意总监："×× 电视台正在用这个广告呢。"总监勃然变色，文丽继续说："世界上可能真的会有另外一个自己出现呢，要是能打败那个自己，真的需要勇气呢！"

其实文丽想说的话就是，你的这个广告创意太丑了，太一般化了，电视上到处都是。但是文丽没有意识到，说话的方式必须婉转而又专业，比如先提一下这个广告的优点，然后再从专业的角度上提出怎样怎样也许会更好。

如果你真的憋不住话，切记：第一，不要打击别人的自尊，无论遇到什么样的情况，涉及别人自尊的话，尽量少提。第二，不要进行人身攻击，你憋不住的话也未见得是金科玉律，也不尽然全部正确，如果你说出来没有达到效果不要恼羞成怒。第三，在职场中，不管是对同事还是对上司，当意识到话会伤人但是还憋不住的时候，就事论事，不要被当时的情绪左右，以免将你本来真实的话夸大，进而扭曲。

脾气暴躁的人容易“祸从口出”

脾气，大多后天生成，有人脾气宛若涓涓的溪流，有人的脾气却像是燎原的大火。脾气有好有坏，脾气好的人走到哪里都能找到朋友，受到欢迎，但是脾气不好的人，也就是我们平常说的暴脾气，经常会触及旁人，影响人际关系。一个脾气坏的人，动不动就生气，稍微不如意就翻脸不认人，很容易同别人产生矛盾。

窦唯，这位曾经中国摇滚的领军人物，因为他的暴脾气成为风云人物。2006年《新京报》先后刊登了《丁武奉劝窦唯去看心理医生》《窦唯否认骂李亚鹏虚伪，李亚鹏将暂时全休陪伴王菲生产》这两篇报道。

窦唯一气之下，5月先是到《新京报》报馆找一名娱乐记者出气，一度激动地大肆毁坏编辑部的器材，同时又向人泼水扬言斩报社的编辑，其后更是拿出自带的液体，浇在停在报社门前的一辆汽车上，随后点燃了该汽车，事后被拘捕。

窦唯的坏脾气向来是人所共知，当年在香港机场有娱记问到他和天后王菲的离婚情况时，窦唯还曾泼过那个女记者一脸的水。但是窦唯的坏脾气并没有解决好他的问题，而是让他的问题越滚越大。

大家都记得张飞，横刀立马长坂坡，一声怒吼就把敌人吓得破了胆，却因为暴躁的脾气失去人心，被曾经鞭笞过的兵士暗害而死。由此可见，坏脾气不仅从生理角度伤身，而且在生活中，职场上，我们的人际关系中，都带给我们很多不好的影响，所以改掉坏脾气似乎是当务之急。那么我们应该如何戒除我们的坏脾气呢？

（1）找到坏脾气的根源

所谓的坏脾气，说的是火气大，爱发脾气。有人形容坏脾气的人是根爆竹，一点就爆。其实也就是说，脾气暴躁只是性格的一种状态，这种状态并不是主流，而是靠什么诱发的。所以当我们要发脾气的时候，想一想是什么让我们发这么大的火，找到它，然后在坏脾气爆发前解决它，这样是有效控制坏脾气的方法。

小高经常控制不住地想要发火，他也很诧异，自己原本不是这种爱发火的人，但是在公司里，他总是控制不住地要同别人争吵，先后换了三四家的公司，情况还是没有好转。小高想自己以前的脾气很温和，为什么现在变成了这种性格，公司如果再换下去的话，对自己的生活有很大的影响。于是冥思苦想，终于想通了，小高是公司的中层，他不善逢迎，看见同自己相仿的人提升很快心理失衡，便慢慢地变成这个样子。而他的暴脾气让上司对他更是退避三舍，升迁无望，所以导致了自己的坏脾气。于是小高不断地开导自己，努力让自己低调做人高调做事。

人都是情绪化的动物，某一时机某一情况就成了导火索，坏脾气一发而不可收，这样周而复始只能让周围的人觉得你脾气暴躁，不好相处。如果能找到让自己情绪变得大相径庭的罪魁祸首，并且将其解决，虽然不能一劳永逸地避免坏脾气，但是也能未雨绸缪地将坏脾气的破坏力控制在能接受的范围内。

（2）换位思考，暴躁变冷静

同人争吵或者是辩白的时候，也是坏脾气爆发的高峰段。在这种情况下，我们应该做的是换位思考。在日常生活中，我们遇见大奸大恶的坏人的情况不多，遇见处心积虑将你除之而后快的情况也少，更多的情况是一些工作上的事情，两者一言不合各不相让，让两个人的坏脾气都原形毕露。这个时候如果能进行换位思考，想一想对方的处境、动机，或者是这个结果对他有什么影响，也许你会发现对方和你一样无辜。

很多人将社会新鲜人比喻成为草莓，因为草莓不仅新鲜，而且容易腐烂。秦风就是典型的一个社会新鲜人，大家都很喜欢他，因为他热情仗义，但大家也都很排斥他，因为他的脾气就像是一阵风，说来就来。这不，他又跟维修部的小马吵起来了："你怎么不给我修呢，你是不是觉得我没有资历啊——"小马无奈地解释："这机器已经无法修了，你打个申请我帮你换台电脑吧？""那我的设计怎么办？我的工作怎么办？你针对我！"秦风干脆吼起来了，小马也不甘示弱地嚷起来，两人你来我往，最后竟然以打架收场。

其实，秦风只要换位思考一下，就不会这样的怒气冲冲愤恨不平了。因为小马只是维修人员，医生尚且不能包治百病，而且小马也没有任何为难秦风的理由，因为无论是电脑维修也好，还是换台电脑也好，都不需要小马出钱。在日常生活中，将心比心是避免暴躁脾气的有效良药，凡事将心比心，站在对方的角度上来看问题，那么很多的时候，你会觉得你没有任何理由迁怒别人。

（3）寻找比暴躁更好的反击方式

有的时候，情况真的是是可忍孰不可忍，任何人都难免冲冠一怒。这样的情况下，我们过分暴躁的行为会让原本拥有公理的这方变成没理，无赖，最无赖的手段，就是把我们也变成无赖，然后用他无赖的优势把我们打败。这个时候，心平气和冷静地让对方明白他的言行错误比暴躁地处理更能显示我们攻击的力量。

2007年，"超级女声"唐笑没有证件，硬闯湖南卫视演播厅，被武警拦下。唐笑对武警出言侮辱不说，还向他动手。武警忍无可忍，给了她一记耳光。这就是沸沸扬扬的唐笑打武警事件。而这次事件，造成了很恶劣的社会影响。对于武警来说，他阻拦唐笑入场本来就是执行公务，理应受到同情和救援，但是他却打了唐笑一个耳光，便成了执行公务采取了不当手段。

当遇到不平之事的时候，真的应该是该出手时就出手，要不然会让那熊熊的怒火将自己燃烧掉。但是有一点我们需要注意，当我们出手的时候如果太过情绪化，极其容易做出不恰当的回击。这样不仅丧失了我们本身的公理性，还让对方找到了反击的借口。

除了以上的三条，还有一些克制脾气的小妙招：第一，我们要学会回避和拖延，不要让怒火拖着我们的鼻子走；第二，我们要勇于退让，退让会让我们更有气魄和风度；第三，要有改掉坏脾气的决心和毅力，我们的脾气我们做主，不要让怒火左右我们的情绪。

4.

“直肠子”的人说话应当绕一绕弯子

什么是“直肠子”？顾名思义，就是一根肠子通到底。在生活中我们用“直肠子”来比喻说话直来直去的人，直心眼儿、说话不会有隐瞒、有什么说什么的人。

很多人认为“直肠子”是种很好的说话方式，因为“直肠子”不会拐弯抹角，真诚直率。但是就“肠子”本身的结构而言，一竿子通到底的肠子很少见，因为肠子过直，也有弊端，不仅显得情感外露想法简单，还容易得罪人。因为在日常生活中，我们每个人多多少少都有些因为面子，因为尊严，因为场面而产生的“讨厌直言的综合征”。

日本女艺人户田惠梨香是日本新生代女星的代表人物之一，她参演的日剧《Code Blue》和《流星之绊》都大获好评，无论是影评家还是观众对她的演技都大加赞叹。但是户田惠梨香为人比较率直，一向有话直说，当她认为剧本或者导演乃至合作者有问题的时候，都会毫不犹豫地表达自己的意见。

当拍摄《Code Blue》时，新垣便成为其批评的对象之一。每当新垣NG时，户田都会面露不悦，新垣念对白声音太小声的话，她会直截了当地说“我听不到”，让新垣饱受压力。

户田惠梨香的“直肠子”给她带来了什么呢？日媒评价她耍大牌，同情的风向标倒向了新垣，说她平时沉默寡言，不知道制造话题，所以才被户田惠梨香轻易地拿住。由此看来，太过“直肠子”，说话直言不讳，做事明打明敲，很有可能会让你的人际关系遇到问题。

在日常生活中，坦白固然很重要，但是坦白的技巧更重要。口无遮拦的效果，相较“话不在直，有效则灵”的效果，要相差很远。既然直肠子能做到的事情，我们转个弯子也能做到，而且能更好地达到效果，为什么我们不借桥搭桥呢？想要不违背自己的心意，又要把我们的意见完整地表述出来，并达到预期的效果，那么不妨试试这么做。

（1）根据对方决定“肠子”直与弯

“直肠子”的人，通常简单直率，但是若是不分对象地一通直下去，未见得有人能领你的情。你的老板会认为你缺乏变通，你的同事会认为你说话无情，你的邻居会认为你说话难听。兜来绕去，你会惊讶地发现，到最后，只有你一个人是坏人，别人都开始排斥你，躲着你，究其根本，还是“直肠子”惹的祸。

见人说人话，见鬼说鬼话，这是老张的优点。但是跟老张真正亲近的人都知道他可是个“直肠子”，心中有什么话都会说出来。

这天老张所在的单位计划组织一次大型的促销活动，以此来吸引消费者。这个项目由老张所在的部门负责，老张心中并不同意，因为每次的大型促销都是“劳民伤财”，事与愿违，但是大老板已经在会上宣布了这个消息，等同于木已成舟。

老张并没有气冲冲地推开老板的门去“直言相谏”，而是拿起几次促销后的报表成绩去问大老板：“李总，我负责这次的促销方案，您看，根据上几次的方案设计，您还有什么补充的没有？”大老板拿起他的方案，又看了看这一大串不乐观的数字，若有所思。

最后大老板决定在早会上宣布取消促销活动。老张呢，其实回家就冲着老婆抱怨：“我们的大老板简直是猪油蒙了心，不看报表做决策，真不知道他是怎么当上老板的！”

看老张做得多好，根据人的亲疏远近，根据轻重缓急，来决定“肠子”的直与弯，不得罪人，又谋取了话语权，不可谓不高明啊。

（2）“直肠子”也要维护对方的尊严

很多人都把“直肠子”作为标榜自己的一项优点，看见什么事情，消化不到三分钟立刻便要说出来。比如，你早晨看见张先生同一陌生女子走，晚上便跟张太太说：“早晨跟你先生在一起的漂亮女人是谁啊？”又比如，你在大庭广众之下问一个割过双眼皮的女孩子：“整容有后患，你知道吗？你胆子真大！”对于一个曾经失足现在改过自新的人你问他：“哎，监狱里面的伙食怎么样啊？”

这种话只有“直肠子”能说得出来，后果会怎么样呢？涵养好些，对你不置一词，从此对你敬而远之；涵养若是坏些，怕是要当场要你好看，这种后果可不是你一句“我是直肠子”就能解决得了的。

在现实生活中，因为生活节奏快，交往圈子小，很多人开始选择了相亲这种方式。虽然那种“羞答答的玫瑰静悄悄地开”已经被新新人类所不齿，但是说话太直白的下场也是非常让人胆战心惊的。

艳艳的“肠子”没有那么多的弯弯绕，直来直去，说什么话都是单刀直入。幸亏在单位大家都知道她就是说话快点，心肠热，人也很好，大家都不同她计较，但是谁知道艳艳的“直肠子”在相亲中为她惹了大麻烦。

艳艳曾经看过她相亲对象的照片，也是风度翩翩一表人才的帅小伙，可是到了见面地点才发现，这个小伙的本尊同照片上简直是两个人，身高不到一米六五，秃顶不说，还斜视，五官拆开来看都很正常，但是组合到一起来怎么看怎么拧巴。

艳艳本来就因为他照片欺骗人耿耿于怀，还没有落座就实话实说：“你这也太丑了！”小伙子一愣，反应过来恼羞成怒，立刻一杯咖啡泼了过去，那咖啡可是滚烫的。

每个人都有尊严，尊严的重要性对于每个人来说相当于空气。说话“直肠子”，往往会伤害别人的尊严，这种伤害并不会因为你是“直肠子”的性情中人而被原谅。这样的“直肠子”，不仅仅为你的人际关系造成阻碍，也能让你成为别人打击报复的首选对象。所以即便你是“直肠子”，说话也习惯了快人快语，在涉及别人尊严的问题上最好还是适当地“弯”一下。

（3）“直肠子”更要注意遣词用句

有没有这种情况，你出于一片好心，直言相告，非但没有收获对方的感激，却收到对方的“卫生球”好几枚，这是怎么一回事呢？原本你的直言，是一件好事，上可以沟通，下可以规劝，但是正是因为遣词用句的“不讲究”，让本来相谈甚欢的两个人不欢而散，好友成怨友。

一家茶馆，一位客人怒气冲冲地叫服务人员过来，并大声地嚷：“你们的牛奶过期了，糟践了我好好的一杯柠檬红茶！”在座的客人大多是饮茶的行家，知道牛奶同柠檬红茶会反应凝结，大多等待看好戏，等待预料之中的服务员对这位不识货的家伙大加指责。没有想到服务员立刻跑了过来，先是鞠躬道歉：“对不起，我们给您换一杯！”马上一杯新的柠檬红茶被送了上来，客人余怒未消，这个时候服务员轻声道：“我可不可以提醒您，将牛奶倒进柠檬红茶中，可能会造成一定的凝结呢？”顾客明白了什么，红着脸，结账的时候主动给了两杯红茶钱。

以理服人不用理直气壮，用这样委婉的方式，将自己的直言告诉别人，达到了效果，也避免了冲突，两全其美，岂不更好？

直言直语，伤人伤己，但是直言直语，是人性中一种很可爱的品质，不要因为怕得罪人而不说真话。但是在说话的时候不能光考虑自己的“不吐不快”，也要考虑到别人的立场、观念、性格，委婉说话也许更能鞭辟入里。

5.

骂人不揭短，得理且饶人

打人不打脸，骂人不揭短。脸就是面子，也许是人全身上下所有组织器官中最重要的一处，骂人揭短的严重程度同打人打脸并列，可见其杀伤力。

听说，龙身上刀枪不入，只有在龙喉下一尺处有一块“逆鳞”，一旦别人碰触，那么龙威大怒，会立刻索了别人的性命。这样的一块“逆鳞”谁都有，那就是我们的短处。

在日常生活中，因为各自的成长经历、受教育程度不同，每个人的“短处”都各不相同，可能是生理上的，可能是心理上的，可能是内心深处一段不为人知的经历，可能是自己不擅长的领域。

无论人们的“短处”是什么，在大庭广众之下，他们会极力地回避这个“短处”。你若是无心揭开个“短处”还情有可原，若是故意将这个“短处”暴露在光天化日之下，那么就像是触动了龙的“逆鳞”一样，对方会采取一定的方法进行反击。

吕方与郑裕玲本来是娱乐圈中一对模范恋人，这对姐弟恋被大家一致看好。可是2008年却峰回路转，吕方、郑裕玲两人最终还是劳燕分飞。众人还没有来得及为这对恋人的最终结局黯然神伤，便又被吕方所说的分手原因大跌眼镜。吕方并没有对昔日的爱人唱一句“朋友别哭”，而是将郑裕玲的短处拿出来作为分手理由。

吕方攻击曾经爱人的短处的后果是什么呢？他不仅受到了来自公众、来自媒体的炮轰，而且还陷在众人的唾沫里，后来有心想同郑裕玲复合，但是也遭到了对方的严厉拒绝。本来分手后还能是朋友，却因为吕方的大嘴毒舌，演变成了敌人。

由此可见，骂人揭短，将对方的缺点暴露在光天化日之下，对方很可能会反戈一击，而你除了遭受到对方的攻击外，还可能会被公众质疑你的人格。

人际交往中，难免会有这样的那样的纠纷，如果能在纠纷中做到骂人不揭短，得理能饶人，不仅能打造好的人际关系，还能博得大度的美名，同时，你也能获得心灵上的净化。

童话大王郑渊洁同《实话实说》的崔永元两人私交甚笃。郑渊洁有次撰文写崔永元，说自己同崔永元发现卖盗版书的，既有郑渊洁的盗版书还有崔永元的盗版书，郑渊洁本来对盗版书深恶痛绝，便要举报，崔永元便不停地劝他，但是郑渊洁还是当场举报，让卖盗版书的人被有关部门带走。

崔永元不知道盗版书的坏处吗？恐怕当年的《实话实说》也深受盗版之苦。但是小崔对于自己本应理直气壮的事情，却没有大肆地对卖盗版书的进行打压，是因为他有一颗悲悯世人的心。

从这里来看，骂人不揭短让人在生活中得以保全，避免别人存了玉石俱焚的心的时候两败俱伤，而得理且饶人，简直就是思想上的一种升华了。

（1）不要踏到对方的雷区

揭短，可能是因为你同对方不合，存心要给对方难堪，或者是你同对方不熟，犯了无心之过，但是无论是有心还是无意，都会对你的人际关系造成重大的损失。兵法有云：“知已知彼百战百胜。”想要不发人隐私，必须先要知道对方的短处在哪里。每个人都有自己的喜好和避讳，若是对对方的忌讳一无所知的话，很有可能会踏入雷区。

社区组织活动，上演了一个催人泪下的小品叫《婆媳》，里面讲述的是一位慈祥的婆婆和一个不孝顺的儿媳之间的故事。小品催人泪下，大家都被感动了。

王大嫂对小马说："你看看这婆婆多好，现在有的年轻人就是不识好歹，也不知道在家中自己的爹妈怎么教育的。"王大嫂兀自絮絮，小马却拂袖而去。

旁边的张婶看不过去了，主动提醒道："这小马就是因为跟婆婆不合，才搬到我们小区来的啊！"王大嫂听了想拉住小马，却后悔晚矣。

说者无心，听者有意。王大嫂本来无心的一番话，却伤到小马，这就是不知道对方忌讳所犯下的错误。如果王大嫂知道小马有这个忌讳的话，那么相信王大嫂肯定不会这么说的。

（2）多注意对方的优点

每个人都有长处和短处，我们要在谈话的过程中扬长避短，为人处世中多多赞美对方的长处，回避对方的短处，因为每个人都不希望别人将自己的缺点无限放大。

何姿虽然名字中有个"姿"字，但是人真的缺少了几分姿色，原因无他，只是太胖。在这个"楚王好细腰，宫人多饿死"的年代，何姿的胖便显得格格不入了。

这天，何姿去相亲，相亲对象一见何姿便打趣道："你吃的什么啊，这么胖，跟气吹的一样！"

何姿本来就忌讳别人说胖，忍不住一阵抢白："我胖关你什么事了？没吃你的，也没有喝你的。狗拿耗子，多管闲事。"把小伙子说得脸红一阵青一阵的。

胖姑娘的短处明明白白地摆在台面上，小伙子却往枪口上撞，这不是自己找不痛快么？

（3）浮光掠影，点到为止

每个人都有不能说的秘密，而这些秘密常常涉及对方的短处，如果我们在人际交流中一味地穷追猛打，刨根问底，拼命地在对方遮遮掩掩的情

况下让他 / 她的秘密大白于天下，让对方的短处全部浮现在公众面前，那么下次对方肯定不会再选择同你共事，而且对方会反感你的做法。

虽然学校并没有开设包打听这门课程，但是马苏却是无师自通自学成才，这个公司中似乎就没有她不知道的事，谁跟谁老公不合，谁和谁婆婆吵嘴，谁和老板眉来眼去，谁和总监勾勾搭搭，她都能拿出来大说特说一通。

现在她的眼光瞄向了业务部新来的主任陈总。趁着公司年会，她就坐到了陈总跟前，推杯换盏之际，就开始了她的包打听："陈总，您爱人怎么没有跟您一起来？"

"哦，她不方便！"

"有什么不方便的？下次带出来大家认识认识也好啊！"

"哦，她不喜欢！"

"呵呵，陈总您的爱人什么样啊，怎么会不喜欢这样的场合呢？"

"哦，就是不喜欢！"

陈总越是不说，马苏越是穷追不舍，终于追到陈总勃然变色，面带不悦而去，后来大家才知道陈总的妻子常年偏瘫在床。后来的结果大家可想而知，陈总寻了一个由头，将马苏炒了鱿鱼。

古人有云，君子之交淡如水。古人又云，与人处，在不远不近之间。人人都有点不能说的小秘密，同人交谈时，一旦对方回避哪个问题，就浮光掠影地掠过，点到为止即可，当然如果你是记者的话，遇到这种情况，就另当别论。

给别人设套等于给自己挖坑

有人说，无论是从政还是经商，无论是老板还是打工仔，只要学会跳棋便能学会生存之道，那便是给自己搭桥左右逢源，同时给别人拆桥，让别人自叹弗如。真的是这样么？事实并不如此，在现实生活中，虽然赠人玫瑰，未见得能手留余香，但是若是给别人设套，很可能遭遇的后果是别人给我们挖坑。

据说爱情是终结女人友谊的最大杀手，看曾宝仪同小S八年不同台，便能验证此言非虚。当年黄子佼和小S两人情投意合，曾宝仪以小S闺密的身份同黄子佼暗通款曲，曾宝仪的行为可以算得上是背后扎人了。但是背后扎人便要承受代价，曾宝仪所付出的代价不可谓不惨重，先是同小S再也没有了交集，而小S的闺密吴佩慈不惜同黄子佼的好友李明依公开撕破脸，阿雅也同曾宝仪形同路人。而受到三角恋的影响，黄子佼和曾宝仪的事业双双下滑，时隔多年，黄子佼仍借多年前的这场情事进行炒作，惹得众人骂声一片。

无论是在生活中还是职场上，无论面对家人、朋友还是同事，时时谨记，防人之心不可无，但也要牢记害人之心不可有，因为在背后扎人等同于给自己的脚下挖坑。

（1）招惹怨恨

背后扎人，会让被扎者心生怨恨，最后反而被那根扎人的荆棘扎到自己。

明子同露露不合是办公室里面人尽皆知的事情，明子简直是铆足了劲地找露露的把柄。功夫不负有心人，这把柄说找到就找到了。起因是这样的，和明子不错的同事若若跟明子说，放在办公室里面的钱找不到了，明子将办公室里面的人一个一个地过筛子，发现只有露露有单独出现在办公室的可能，于是二话不说冲进经理室，将这件事情有鼻子有眼地说了出来。经理做事更加的快捷，直接报警了事。于是露露被带走，但是第二天露露又被放回来了，因为查无实据。第三天明子接到了辞职令。

若若的钱根本就没有丢，而是放错地方了。就是这样稀松平常的一件小事，就变成了明子攻击露露的利刃。经理辞退明子正是因为明子不分时间、不分地点地打击同自己有私怨的同事，不仅造成办公室里人心惶惶，人际关机极度的不团结，也造成了工作效率低下的后果。我想，如果再给为找工作焦头烂额的明子一次机会，她肯定不会再做背后扎人的蠢事。

（2）招惹非议

背后扎人，让大家对你心怀芥蒂，中国数千年来的伦理道德都是讲求光明处事，磊落做人，背后暗箭伤人，只能让人觉得是小人所为，不是君子行径。

原国美电器的CEO陈晓，曾经是大老板黄光裕亲自选定的接班人。黄光裕不止一次地对媒体讲过，陈晓是最好的职业经理人，陈晓也投桃报李，为国美电器的全国扩张计划立下汗马功劳。但是两个人“琴瑟和鸣”的时代很快就过去了，随着黄光裕入狱，国美电器陷入一系列的危机之中。出于挽救国美电器或者其他的目的，陈晓在国美电器内部推行了“去黄光裕化”，稀释黄光裕的股权。虽然说公众公司发展到一定的地步，同创始股东之间割裂关系是一种必然，但是出于黄光裕入狱这一特定的情况，难免会给人以一种背后扎刺或落井下石的感觉。所以黄光裕发动了国美控股权之争的时候，网络民意舆情一边倒地倾向于黄光裕，网上对于陈晓更多的是一片骂声——“做人不能太陈晓”。

虽然不能说网络上对陈晓的指责有多理性，但是我们能看到一定的舆情走向，那就是对于在背后扎人的人来说，大抵是要受到民意的谴责的。陈晓的所作所为，无论出于什么目的，都被贴上了“背后扎人”的标签，当他选择“去黄光裕化”的时候，就应该料到黄光裕也会给自己挖下一个大坑。

（3）招惹敌意

背后扎人，让你成为众矢之的，人人都提防你，对你敬而远之。尽管不是每个人都是仁人君子，但是每个人都希望同自己相处的人是仁人君子。亲君子，远小人，更是我们的传统观念，所以当你选择在背后扎人的时候，你的背后也会贴上一枚不光彩的标签。

高峰不是不明白在职场上要战战兢兢、如履薄冰，然而他只是咽不下这口气。他的工作做好别人不表扬也就罢了，偏偏别人的工作做得不好也要推到他的头上来，这让高峰很是不满。还不是全公司的人瞧他是新来的，业务还不熟练，又同经理、总监没有交情，因此才这么欺负他。

高峰索性买了个大大的本子，将这个同事迟到，那个同事早退，这个同事耍奸，那个同事使坏，种种缺点一一记录在案，准备打一场反击战。这天又有同事说他做的项目不好，高峰大怒，但是表面不动声色，等到一个合适的时机，将这个同事在工作中的各种缺点向总经理和盘托出，并把那个“记账”的本子献了上去。总经理也大怒，立刻开会，拿着高峰的本子一一对号入座。

这件事情过去后，办公室中的人再也无人理睬高峰，因为大家都看出来了，那个本子就是高峰的。其实高峰作为新进的员工，自己都知道自己业务不熟练，很多的批评和指责并不是无缘无故的，但是高峰将个人的怒气携带到了工作中，整天监视同事们的一言一行，这样的人，谁敢招惹？如果你知道你的同事好打小报告，你敢跟他亲近么？同样的道理，如果有人整天背后算计人，你也是不愿意跟他在一起的。

如果你想在人背后扎刺，就要承担别人给你脚下挖坑的后果。面对职场中的竞争者，更好的办法是将他变成你的朋友，在工作上比学赶帮超，而不是暗箭伤人。面对生活中你看不惯的人，善意诱导，勉励向善，而不是选择用背后伤人这种“以暴制暴”的手段。

7.

开空头支票的人朋友会越来越少

空头支票，从字面上理解，空头，是有名无实不能兑现的支票。我们经常用“空头支票”代替不准备实现或者实现不了的诺言。而“信用”的含义是一个人诚实，遵守诺言，从而取得他人的信任。

从两个概念我们可以很轻易地看出，空头支票同信用是相悖的。君子讲究一言既出，驷马难追，歌词里不是也说么，许下的承诺就是欠下的债，言出必行，这是信用的基本表现。如果我们轻易许诺却做不到，失信于人，就让我们的信用大打折扣。

开惯了空头支票的那些人，会让人觉得缺乏交往的诚意，对其敬而远之，那么他将无法再展开人际交流活动。

2003 年 8 月，江西老区余江县的 10 名特困生在县教育部门负责人带领下来到南昌，参加有关单位举办的电视转播的捐资助学晚会。

一位江西女艺人表示要捐助这些孩子帮助他们实现读书梦，负责他们从小学到高中的所有学费。

然而几个月过去后，这 10 名贫困生并没有得到这位女艺人的一分钱，有关负责人也多次向这位女艺人询问，但是都没有结果。而更糟糕的情况是，因为这 10 名贫困生被列入了捐款对象，连既有的应该享有的学费减免政策都没有享受到，这 10 名孩子为学费发愁的同时又感到伤心和失望。

这个江西籍的女艺人开出的空头支票给她带来了什么？几乎所有的媒体一边倒地指责这位江西籍的女艺人“忘本”，这次开的空头支票，只是借助捐款的名义扬名作秀。女艺人朝令夕改，她的空头支票让众人厌弃。

在现实生活中，随口乱开空头支票的现象屡见不鲜，我们如何避免自身也犯这样的错误呢?

（1）没有能力承担的不要应承

空头支票也分为好几种，其中“言过其实”的许诺就是将自己没有能力承担的事情一口应承下来，这样的空头支票只能是让人空欢喜一场。我们在许诺的时候要掂量掂量，没有金刚钻就千万别揽瓷器活。否则不仅让自己的颜面尽失，还让自己的信誉度大打折扣。

某网络歌手想要圆自己的歌星梦，这时一家影视传媒公司向他伸出了橄榄枝。在谈合作的时候，网络歌手提出了一些常规性的要求，比如，给他开一个签约的新闻发布会，每年给歌手出一张专辑，每月按时给歌手开工资，宣传上能用公司的资源等。

传媒公司当场拍板，在人民大会堂给网络歌手开新闻发布会，但随后表示这是个意向，但是最次也是中国大饭店。

网络歌手十分的高兴，但是随后就笑不出来了。因为马上就要签约了，当网络歌手找到公司的负责人，询问发布会的事宜的时候，公司负责人吞吞吐吐地表示，人民大会堂可能最近没有空，只能在附近一个小酒吧和郊外的一栋小别墅两者之间选一个。网络歌手才知道所谓的人民大会堂只不过是公司开出的一张空头支票。

我们有句成语叫作一诺千金。说明许诺是非常郑重的一件事情，对那些不应办或者办不到的事情，千万不能随便许诺，如果许诺了又不能兑现承诺，这件事可以上升到对方品质的高度，是否能够实现承诺是人际交流能否继续下去的关键因素。所以，牢记，许下的诺言就是欠下的债，不要轻易许诺。

（2）一旦承诺必然要尽心尽力

空头支票的另外一种是“寡信”的“轻诺”，所谓“轻诺”，就是你在你的能力范围之内，许诺了这件事情，但是却不尽心尽力地去办。在人际交往中，一旦当你很正式地答应，对方便产生一种依赖和信任你的心理，一旦对方发现你有轻慢和敷衍的意思，说话不算数，那么立刻就会产生强烈的反感。

2010 年 7 月 30 日，体育明星姚明来到广元，实现自己两年前在为姚基金建立的希望小学培土奠基时候所说的第二年来看望小朋友的诺言。但是由于脚伤手术，姚明无奈，并没有赴这个第二年之约，等到他伤势痊愈后，立刻兑现自己的承诺，并说："其实，去年学校开学典礼我就该来的。今天算是还愿吧。"

姚明的支票成功兑现了，汶川地震后，姚明就在广元捐建了四所小学。由于他及时支付资金，使得小学按时完工，这一切的行为都让人觉得姚明是个言而有信的真君子，一个人承诺后，尽心尽力地去实现，言行一致，必然会受到大家的尊敬。而一个人言过其实，势必会受到大家的唾弃。

（3）不要撕毁支票

空头支票的最后一种是杀伤力最大的言而无信、背信弃义。所谓言而无信，就是在开出空头支票后，做出与承诺事情完全相反的事情。

南朝鲜明星姜志焕因为出演《电影就是电影》《七级公务员》而成名。能参演这两部热门的电影，他的经纪公司功不可没。但是就在姜志焕同现在的经纪公司的合作协议还没有到期的时候，姜志焕先是与经纪公司断绝联系长达一个月之久，单方面向经纪公司提交了解除合作协议的通告。

姜志焕同经纪公司的合同，便是他开的"支票"，他单方面撕毁合作协议的下场是，被韩国演艺界指责为没有任何道义可言。

人离不开交往，而交往离不开诚信。无论是理家，还是从商，都需要讲信用。守信是取信于人的第一方法。有魅力的人，都应该是守信，言必信，行必果的人。

就事论事并不是那么简单

在团队中当人与人之间产生各种各样的矛盾、是非、各种情绪的时候，人的精力更多程度上是去注意这些事情，而不能去很好地协调和应对整个团队的发展。所以正确地处理人与人之间的各种事情，能减少有害无益的内耗，确保一个团队中大家无端的猜忌。

在生活中，也经常因为各种问题，人与人之间产生分歧，产生误解，双方之间交流无法顺利进行，所以在这种情形下选择正确的方式来处理，是人际关系得以继续的保障。一般来说，人们会采用“就事论事”的办法解决人际中、团队中的矛盾和争端。

艺人苏永康当年涉嫌吸毒被捕，消息震惊全国上下，当女星陈雅伦被问及对此事的看法时，陈雅伦表示“吃摇头丸被警察搜到，就是罪有应得”，并且强调既然身为公众人物，更要注意自己的言行，不可以做出错误的示范。

虽然陈雅伦解释，她并不是针对个人或者是落井下石，只是讲出事实，就事论事，但是公众还是将苏永康反对陈雅伦和黄尚伟恋爱的事情同陈雅伦的这番言论联系起来，她的就事论事，还是让人冠以“落井下石”的名头。

人的心理结构都非常的复杂，具有很多的非理性化的倾向，就事论事直截了当，并不适合所有的场合所有的人。所以在人际关系中，我们要格外地注意我们的“就事论事”。那么什么情况下，我们应该避免“就事论事”呢？

（1）表达反对意见时，避免就事论事

我国的文化传统，当要表述反对意见的时候，更倾向于旁敲侧击，由此及彼。表达反对意见的时候，很有可能将对方推到你的对立面去，因为在人的潜意识里，当听到反对的意见的时候，直觉的反应是反击或者回避。

星期一早晨开例会，主管要求大家对小兰的提案表达下自己的看法。张震就客观地表达了一下自己的不同看法。在他看来，这个提案太过花哨，可行性不是很大，而且也有一定的漏洞。可是还没有等张震讲完，小兰就说："我觉得张震才来公司不久，并没有太多的行业经验，没有资格质疑我的方案！"张震目瞪口呆，他只是很中肯地说出客观存在的弊端。

张震想不通，为什么他只是就事论事，明明没有打算跟小兰对立，为什么小兰直接站到了他的对立面？因为人的心理敏感、多疑、内向和多变，听见反对意见的时候，心里的自动防御系统完全启动，所以在表达反对意见的时候不如绕个圈子，切忌就事论事。

（2）当面对错综复杂的情况时，避免就事论事

就事论事的另外一个弊端在于，太过片面和独立地看待问题，不能由此及彼，由表及里。尽管你保障了在处理一个点上的态度的客观和中立，不偏不倚，但是这个点并不能影响全局，而且促进了全局的非良性发展。

三个女人一台戏，张先生对这句话可是深有体会，因为他家就有三个女人——婆婆、媳妇、小姑，三个女人之间矛盾重重，张先生可没少受夹板气，可是他又能怎么样呢？一个是有养育之恩的生身母亲，一个是血脉相连的骨肉至亲，一个是心心相印的爱妻，他能做到的只能是不偏不倚，力求大家和气。

今天，因为洗碗，妹妹和妻子又生开了闷气，张先生觉得这件事情是妹妹不对，因为妻子回来烧饭，妹妹不帮忙就罢了，吃完饭也不帮忙。

张先生便说："你怎么一点也不体谅你嫂子的难处呢？这么大的人了，怎么还跟你嫂子较劲呢？一点也不懂事！"

张先生自认为很就事论事，但是他说完这句话后，就像是捅了马蜂窝，妹妹二话不说，收拾东西离家出走，说这个家容不下自己了，张先生的妈妈也抹着眼泪骂他不疼妹妹，张先生的妻子也大闹，说婆婆只知道心疼小姑……

就事论事就是把一件事情割裂开来，但是很多的情况下我们面对的是牵一发而动全身的局面。有些事情在性质上是不一样的，有的是根本性的问题，有的问题是表面的，但是这些问题往往环环相扣，可能你就事论事的只是表面的问题，但是却触动了根本性的问题。所以在这些情况下，最好避免就事论事，因为即便你的就事论事能解决一些表面上的问题，却无法解决所有的问题。

（3）评论别人的时候，避免就事论事

不止是人的性格有复杂性，而且人的活动也具有复杂性，如果用一个人所做的一件事情来作为评述这个人的主要依据，显然有失偏颇。打个比方说，一个十恶不赦的罪人幡然悔悟后弃恶从善，再用以前的恶事评述他，显然是不妥当的。在评述一个人的时候，最好是全面地综合地评述，而不是去就事论事。

作为教师，娇娇非常喜欢在课堂上讲述一些例子来调动学生的积极性，也喜欢引述一些明星的故事来劝诫学生。她看见很多同学因为迷恋明星将明星的贴画贴在书上，她觉得这样很不好，所以她决定就此问题展开一次班会。她说：“其实舞台上那些光鲜的明星，有的也有着很不堪的一面，比如说古天乐吧，古天乐 18 岁就因为抢劫成为强盗犯——”台下的同学果真有古天乐的粉丝，立刻不以为然。

虽然娇娇是在就事论事，然而她选取的例子太过不适当。因为古天乐为自己的错误付出了坐牢的代价，而且也幡然醒悟，现在成立了的古天乐慈善基金，多次以慈善大使的身份去往各地的灾区，小瑕不掩大瑜，已经成为很有正面意义的明星的代表。所以娇娇的就事论事，反而是片面的表现。

孟子曾经说过，人应该有四心，其中就包括公平之心。所谓的就事论事应该是努力地不带主观色彩地看问题，这样沟通和共识便有了一个客观的基础。想要达到“就事论事”的良性效果，必须能在复杂纷纭的环境中，抓住主要矛盾。而面对情绪化和固执的人的时候，尽量委婉地表示，这时候的就事论事只能引起对方的强烈反弹。而在就事论事中，就事论人和就人论事都是不可取的。

七、闯荡职场，要跟对人、说对话

职场的硝烟从来不会消散，

每年都有一拨又一拨新人踏入这片竞争残酷的天地。

要想获得上司的信任、重用，

必须看清种种扑朔迷离的职场行为，

深谙上司各种行为背后的心理玄机，

才能做到与上司无障碍沟通。

老板的心思，你猜得透吗

台湾半导体教父、台积电董事长张忠谋将市值一兆两千亿台币的企业交给了新掌门人蔡力行。这个企业的人事任命，不仅触动了该企业近 2 万名员工及 50 万股东，而且触动了几乎整个台湾。

当记者深入了解一向很少出现在镁光灯下的蔡力行时，在人们所述的蔡力行的种种杰出行为中，有人无意中说了一句话：“老板说的话他听得懂，他说的话老板听得进去。”一句看似极简单的话语，实则道出了职场的至高境界。

在职场中，我们希望获得一个美好前程，其实也并不是一件难事。只要我们能够像蔡力行先生那样，做到“老板说的话他听得懂，他的话老板听得进去”。那么，如何理解这句可能左右你职场命运的话呢？其实，我们可以从三点上来理解。

（1）就是要学会如何去倾听老板的话

这一点，就是要像美商凤凰科技总经理康迪那样，懂得这样的倾听技巧：“假如我是老板，我会如何？”这就要求我们拥有同理心，如此才能摸清老板的脾胃，判断事情的轻重缓急，提高执行力。

而蔡力行先生其实也是一位非常懂得倾听老板张忠谋的话的好下属。当老板安排事情或者跟自己交谈时，康迪、蔡力行等这些后来取得职场辉煌成就的人，都懂得思考“如果换成我是老板，会如何做”？因此，总能很好地执行老板的计划。这样的职员，能不赢得老板的信任吗？能不为自己铺起升官加薪的阶梯吗？

（2）知道什么时候该说什么和不该说什么

中国人常说与人相处要善于察言观色，和老板或上司相处更是如此。察言观色的目的就是要搞明白对方希望自己做什么不希望自己做什么。聪明的职员往往都能够通过察言观色，也就是用耳朵倾听和眼睛观察，清楚地了解在老板和上司面前，什么该说什么不该说，什么该做什么不该做。

我们试举一个古代例子，从反面来说明一下，不懂得对老板和上司察言观色的可悲下场。在这个例子中，老板、上司即秦王，下属员工则是故事的主人公白起。

公元前266年，秦国又一次指挥大军围攻赵国都城邯郸。起初，白起有病，不能出征，由另一位大将王陵任统帅，连战连败；当白起病势稍有好转时，国君秦昭王便派他去取代王陵。白起向秦昭王分析了当时的形势："邯郸的确是不大容易攻破。各国救赵的大军正朝邯郸集中，他们对秦国早已怀有深深的敌意。秦军虽然在长平一役大破赵军，自己的士卒也死亡过半，国内空虚。翻山越岭，长途跋涉去攻取别国的首都，赵国从里面出击，其他各国从外国围攻，秦军的失败是难以避免的，这一仗不能打。"

可是，秦昭王固执己见，亲自出面请白起出征，白起以有病为由，就是不答应。秦昭王无奈，只好改派别人。结果真的不出白起所料，在各国援军的夹击下，秦军遭到了惨败。白起说："国君不肯听我的，如今怎么样啦！"

这句话极大地触怒了秦昭王，他一竿子将白起一撸到底，从统帅降为一名士兵，并将他赶出国都咸阳，就这样他还不肯善罢甘休，当白起离开咸阳后，他又对大臣们说："白起被贬，心怀不满，口吐怨言，不能放过他！"

当白起行至距咸阳西十里的杜邮时，秦昭王的使臣追了上来，赐了他一把剑，命令他自杀。白起引剑向颈时，悲愤地说："我犯了什么罪而得到这样的下场？"沉思良久又接着长叹："我的确是该死！长平一仗，赵军投降数十万人，我以诈谋全部坑杀了，只此一件，我死也是罪有应得了！"一位给秦国立下了赫赫战功的名将，就这样自杀身亡。

白起在敌国未破、激战正酣、秦国正需要用人之际被杀害，他被害的唯一原因，不是他对战局提出了不同于国君的意见，而是恃才傲物，在国君败回时不但不慰问，还说为人臣者不该说的话，更要命的是，他说的是领导最不爱听的风凉话。也许，在这里举白起的例子有点牵强，但事实是，白起懂得用兵打仗，还能对事局了如指掌，却偏偏不懂得领导的心思，听不懂领导的话，更糟糕的是，还说了不该说的话。

学会判断老板的哪些话该听，哪些话可不必听；学会对老板说什么样的话，不该说什么样的话，你的职业生涯就能很快上一个台阶。

（3）虚心诚恳地听取老板的批评

“老板的话他听得懂，他的话老板听得进去”的第三个正确理解是，虚心诚恳地听取老板的批评。

老板批评或训斥下属，有时候是他发现了问题，便督促下属改正；有时候是出于一种调整关系的需要，告诉被批评者不要太自以为是，而把事情看得太简单了；有时候是为了显示自己的威信和尊严，与下属保持或拉开一定的距离；有时候则是“杀一儆百”“杀鸡吓猴”不该受批评的人受批评，其实还有一层“代人受过”的意思……听清楚搞明白老板为什么批评你，你便能把握情况，从容应对。

受到老板批评时，最需要表现出诚恳的态度，虚心地听讲，并从批评中确实接受到什么，学到什么。

当然，公开场合受到不公正的批评、错误的指责，会给自己造成被动。但你可以一方面私下耐心地做一些解释，另一方面，用你的切实行动来证明自己。

其实，通过往更深一层地观察、研究和分析，我们更是发现，利用挨骂的机会，我们虚心诚恳地聆听老板的批评，反而能给老板留下良好的印象，还能学到很多有用的东西，更快地让自己改正缺点，改善不足，更健康地成长，为我们的青云直上之路打下更为坚实的基础。

日本大企业家福田先生在做服务生的时候，常常被老板小松先生责骂。但福田也因为他每次的责骂而得到了一些启示，学会了一些事情，所以福田当时总是“主动地”寻找挨骂的机会。只要遇见了小松先生，福田绝不会像其他怕挨骂的服务生那样逃之夭夭，反而会恰到好处地把握机会，立刻趋身向前向小松先生打招呼问好，并态度诚恳地请教说：“早安！请问社长，您看我有什么地方需要改进吗？”

就这样，福田每天都主动又虚心地向小松先生讨教，持续了两年。有一天，小松社长对福田说：“经过长期观察，我发现你工作相当勤勉，值得鼓励，所以明天开始我想请你担任经理，你意下如何？”福田自然求之不得啦。就这样，从服务生一下子便跳升为了经理，待遇亦有了极大的提升。

从福田挨骂获得成长的经历来看，在与老板接触的过程中，被老板指责和训斥，就是在接受另一种形式的教育。对于小松先生一年 365 天的个别教导，福田至今仍感激不已。

听不得别人训斥的人，不会有什么大的作为。在被指责或训斥时，我们最恰当的做法是，不仅要认真专注地聆听，而且听完之后，还要面带笑容地用愉悦的口吻回答：“是的，我已经知道了，我现在马上就去做。”

平静地接受指责或聆听训教，并保持不失礼的态度来和对方亲近，就是在尊崇对方，更能留给老板良好的印象。能够做到这一点的员工，几乎没有不前途光明，获授重任的。不相信？请你现在就开始尝试一下吧！

关于眼镜的动作也不容小觑

董翔是一家公司的企划人员，文采出众，颇受总经理王总的欣赏与重视。王总鼻子上架着一副眼镜，充满了书生气，看上去更是平易近人。

有一次，总经理有意识地向董翔传递了这样一条消息：快过年了，董翔只要做出让公司满意的策划方案，就很有可能提升为策划主管。

董翔听到这个消息感到非常高兴，连连向总经理表示感谢。董翔很珍惜这个机会，为了能得到总经理的认可，他连夜做出了年度策划方案，并反复修改了好几次。

这天，董翔自信满满地将自己策划出的方案递给了总经理。总经理刚接过文案时，脸上露出了欣赏的神情，但没过一会，总经理不由自主地皱起了眉头。看完以后，总经理轻轻地将策划案放在桌子上，把眼镜从鼻梁上摘下来，折叠起来，然后直接扔到一旁。过了一会儿，总经理说道："你先出去吧，我一会交给董事长看看。"董翔走出总经理办公室，脸上依然洋溢着自信的微笑。

转眼就到过年了，在年会上，让董翔倍感意外的是，他的同事小李被提拔为了策划主管。董翔疑惑不解地问总经理："这是怎么回事？"

总经理有些生气地说："真不知道你这小子怎么搞的？这次年会策划案那么重要，你怎么会写出那样的策划案。"

"我的策划案？"董翔一听，立即跑回办公室。仔细地翻阅文件夹，竟发现自己改好的策划案竟端端正正地放在那里。原来他交上去的策划案不过是自己的第一遍草稿。

眼镜被人们架在鼻梁上，不仅给人增添了几分书生气，而且还是人们用以拖延时间的“法宝”。擦拭完眼镜后重新将眼镜戴上，并拿起相关材料表明其正在考虑；把眼镜折起来放在一边，将后背靠在椅子上表明其想结束谈话；把眼镜折起来并扔在一边是否定的信号。

然而，职场中的很多人往往忽略了上司的这一举动。如果你略懂行为心理学，就能发现上司这个小动作里大有文章。他把眼镜折叠起来直接扔在一旁，这扔的动作就直接反映出对方的焦虑与不悦情绪，他要发表的肯定是否定意见。

事例中的董翔如果略懂行为心理学，当他看到总经理将眼镜折起来，并扔到一旁的举动时，就应该明白这是否定的信号。假如他知道总经理对自己的文案持否定态度，也许他就能从总经理否定的态度中发觉自己拿错了文案，这时他还有挽救的机会。然而，遗憾的是，他一点也不懂行为心理学，最终错失了这次升职的机会。

上面的事例告诉我们：步步高升有妙招，读懂上司的肢体语言，抓住升职的机会。

人们戴眼镜、取眼镜的不同动作代表着不同的含义，我们一起来看看：

（1）把眼镜折起来并扔在一边

假如一个人把眼镜折叠起来，并直接扔在旁边的桌子上，这扔的动作直接反映出对方的焦虑与不悦，他要发表的肯定是否定意见。所以，你需要为自己做好辩护的准备。

（2）将眼镜腿咬在唇间

我们常常会看见一些眼镜佩戴者将眼镜腿咬在嘴里，这个动作跟叼支烟、咬支笔的意思一样，都是表示动作者对安全感的一种渴望。

（3）擦拭完眼镜后重新将眼镜戴上，并拿起相关材料

假如一个人在擦拭完眼镜后重新将眼镜戴上，并且还拿起了桌上的相关材料。这一连续动作说明对方想继续查看一下细节，正在考虑如何妥帖地作出答复。

（4）把眼镜折起来放在一边，将后背靠在椅子上

假如一个人把眼镜折叠起来，并把它们放在一边，同时还将后背靠在椅子上。这时，他想告诉你的是，他想结束谈话了。此时你有进一步的辩论也只能是隔靴搔痒了。

上司拍拍你的肩膀，想表达什么

一天，保险销售主管小王兴高采烈地来到经理办公室，向经理汇报上一季度的工作业绩。由于他们去年取得的工作业绩并不好，经理对他们这组成员并没有抱太大的希望。因此，经理抽着烟，吐着烟圈，招呼小王坐下。

“上个季度的销售业绩怎么样？”经理很严肃地问道。

“上个季度的销售业绩非常不错，不仅维护了老客户，还开发了25个新客户。目前，已签了20个单子，利润较去年增加了15%。”销售主管小王一字一句地说道。

“上个季度支出了多少？”经理并没有露出惊喜的神情，而是平静地询问上个月的支出状况。

“上个季度，我们小组共支出了41000元，比去年少花了3000元，比预算的还少花费10000元。”小王无比自豪地说，但一碰到经理严肃的眼神，又及时地打住了。

经理什么也没说，站起身绕过办公桌，来到小王侧面，轻轻地拍了拍他的肩膀说道：“好了，我知道了，你去忙吧！”

走出经理办公室，销售主管小王感到十分不解，他原本以为经理会好好奖赏他，会好好地表扬他们这一组成员。没想到，经理什么也没说。

在接下来的一段时间里，小王一直愤愤不平，工作受到了很大的影响。很快，一个季度又过去了，当经理见到他时却长长地叹了口气说：“我以为你这季度会做得更好，我还打算晋升你做销售经理呢！”

小王瞪大了眼睛，什么也说不出来。

肩膀的一项重要功能就是承担重量，因此，上司从侧面轻拍下属肩膀不但可以传达上司亲近、友好的善意，还能传递一种“我相信你一定行”的精神力量，起到激励、鼓舞的作用，使下属感受到领导的真诚祝福与殷切期待，激发下属开拓创新、锐意进取的工作精神。

事例中的上司真的什么也没有说吗？他确实没有说什么鼓励、表扬的话，但他从侧面轻轻地拍一拍小王的肩膀这一动作就表达了自己对销售主管小王的肯定与鼓励。小王之所以感到郁闷，是因为他没有读懂经理轻拍自己肩膀的含义。

其实，表达对他人的鼓励与赞扬，并不一定要大声地说：“努力吧！加油吧！我相信你一定行！”有时候从侧面拍拍对方的肩膀、后背，或者用双手为他鼓掌，或者朝他竖起大拇指等行为动作，都能表达自己是在鼓励、赞扬他。倘若对方明白这些肢体动作所表达的含义，那么它将更能鼓舞人心。

对于领导来说，在办公场合，他们不愿意把鼓励、赞扬的话大声地说出口，更多的是喜欢从侧面用手拍拍下属的肩膀、后背，以示鼓励。作为下属，只有读懂了上司的这一身体语言，才知道领导什么时候是在鼓励自己，才不会像事例中的小王那样不明所以。

表示鼓励、肯定的肢体语言远不止从侧面轻拍肩膀这一种，下面简单作一个总结，以供大家参考：

（1）从侧面轻拍肩膀

肩膀的一项功能就是承担重量，因此，拍肩膀不仅能传达自己亲近、友好的善意，还能传递一种“我相信你”的精神力量。

（2）从侧面轻拍后背

在日常生活中，很多男性朋友在见面时，一个人总忍不住用手掌去拍对方后背。这是一种友好、欣喜与祝贺的表现。注意异性之间轻拍后背，可能会引起不必要的误会。

（3）竖起大拇指

在日常生活中，竖起大拇指是表示“做得好”“好”的意思，鼓励对方继续努力！

（4）鼓掌

鼓掌表示赞成或欢迎的意思，多为称赞某人。当我们欢迎某人的到来时，都会不由自主地鼓掌。

4.

上司抱怨第三者可能是指桑骂槐

秦强生是一家百货公司的总经理。为了了解员工的工作状况以及卖场的销售情况，他经常去卖场视察。这天上班时，秦总又来到了卖场巡视。

转了一圈后，他发现一名顾客一直站在一个柜台前等待，而服务员小丽却在不远处与另一个服务员聊天，两人又说又笑，丝毫没有注意到这位顾客。

秦强生气不打一处来，正想大声训斥小丽一番。但转念一想，要是在大卖场里这么训斥员工，既让员工没面子，也影响自己公司的声誉。于是，他走到柜台前，亲自为那名顾客服务。

正与同事聊天的小丽看到经理，脸瞬间红到了脖子处，她很尴尬地走了过来，心想这次肯定要挨批评了。但让她没想到的是，秦强生淡淡地对她说道："刚才看你有事不在，我恰巧路过这里，看到那位顾客一直等待着服务，所以就亲自为那名顾客服务了。你以后如果有事的话就先给我打个招呼，我好安排其他人来服务。以前有一个小玲就因为有事离开了，结果遭到了客户的投诉，被扣了一个月的奖金。你要引以为戒。"

小丽明白秦总经理意有所指，立即保证道："总经理，您放心吧！我保证以后不会有这样的事情发生了。"果然，在后来的日子里，秦强生再去卖场巡视时，每次都看到小丽认真地守在柜台后，即使没有顾客的到来，她也从没有离开过自己的位置。

有一个成语叫作"指桑骂槐"，意思是指着桑树数落槐树的不是，比喻表面上骂这个人，实际上是骂另一个人的意思。

生活中有很多这样的人，他们对一个人感到不满，但又不愿意与人发生正面冲突，又想把自己的不满情绪发泄出来，让对方知道。所以，他们假装在你面前抱怨别人，实则是在埋怨你。面对他人的埋怨，我们要知其意。

上述事例中的秦总经理看到服务员小丽擅离职守，本来怒气中生，但他并没有直接指责小丽做得不对，而是引申出“小玲”来，抱怨小玲曾经犯的错误，让小丽心领神会自己的错误。不得不承认，秦总经理这一做法确实高，既指出了员工小丽的错误，又没有当众批评她，维护了她的尊严。他的这一做法赢得了下属的信赖，也促使小丽后来一直勤勤恳恳地工作。

然而，并不是所有人都像秦总经理这样。有些人性格直爽，喜欢直来直去，心里有什么怨言就说什么，毫不隐晦。虽然这些人比较爽直，但有时候很容易得罪人，因为人们对当面和直接的抱怨都是非常反感的。

所以，像秦总经理的这种做法就非常聪明，不与对方直接发生冲突，而是拐着弯儿来启发对方，这样的人更能打造良好的人际关系。人与人之间的关系其实很微妙，如果有人在你面前抱怨的话，那你就要小心了，好好反思一下自己是不是哪里出错了，以及时改正。

5.

拒绝上司但不得罪上司的沟通策略

上司委托你做某事时，你要善加考虑，这件事自己是否能胜任？是否违背你的做人原则，考虑清楚了，然后再作决定。而对于自己不愿做、不能做的事，要勇敢说“不”。

尽管部下隶属于上司领导，但部下也有他独立的人格，不能什么事都不分善恶是非都服从。部下并不是奴隶。倘若你的领导以往曾帮过你很多忙，而今他要委托你做无理或不恰当的事，你更应该毅然地拒绝，这对领导来说是好的，对自己也是负责的。

此外，能力有限，无论如何努力都做不到的事，也应拒绝。但是这有一个前提，即是否真的做不到，应该确实地衡量一下，切不可因怀有恐惧心而不敢接受。经过多方考虑，提出各种方案后，是否再加上勇气来突破它？都需要考虑清楚。

考虑后，认定实在无法做到，便可拒绝。当然，拒绝更要讲究方法，采用什么办法才能让上司接受，这里面也是很有学问的。

（1）触类相喻，委婉说“不”

当领导提出一件让你难以做到的事时，如果你直言答复做不到，可能会让领导损失颜面。这时，你不妨说出一件与此类似的事情，让领导自觉问题的难度，而自动放弃这个要求。

战国时，有个神童叫甘罗，他的爷爷是秦国的宰相。有一天，甘罗看见爷爷在后花园走来走去，不停地唉声叹气。

“爷爷，您碰到什么难事了？”甘罗问。

“唉，孩子呀，大王不知听了谁的挑唆，硬要吃公鸡下的蛋，命令满朝文武想法去找，要是三天内找不到，大家都得受罚。”

“秦王太不讲理了！”甘罗气呼呼地说。他眼睛一眨，想了个主意，说，“不过，爷爷您别急，我有办法，明天我替您上朝好了。”

第二天早上，甘罗真的替爷爷上朝了。他不慌不忙地走进宫殿，向秦王施礼。

秦王很不高兴，说：“小娃娃到这里捣什么乱！你爷爷呢？”

甘罗说：“大王，我爷爷今天来不了啦。他正在家生孩子呢，托我替他上朝来了。”

秦王听了哈哈大笑：“你这孩子，怎么胡言乱语！男人家哪能生孩子？”

甘罗说：“既然大王知道男人不能生孩子，那公鸡怎么能下蛋呢？”

甘罗的爷爷作为秦朝的宰相，遇到了大王的不可能满足的要求，却又找不到合适的办法拒绝。甘罗作为一个孩童，能如此得体地拒绝秦王，并让秦王不得不放弃自己的无理请求，实在是大出人们的预料。也正因为如此，秦王才有“孺子之智，大于其身”的叹服。

现在我们俗传甘罗十二岁为丞相，童年便取高位，不能不说正是甘罗那次智慧的拒绝，才使秦王越来越看重他的。

（2）佯装尽力，不了了之

当上司提出某种要求而属下又无法满足时，设法造成属下已尽全力的错觉，让上司自动放弃其要求，也是一种好方法。

比如，当上司提出不能满足的要求后，就可采取下列步骤先答复：“您的意见我懂了，请放心，我保证全力以赴去做。”过几天，再汇报：“这几天 ××× 因急事出差，等下星期回来，我再立即报告他。”又过几天，再告诉上司：“您的要求我已转告 ××× 了，他答应在公司会议上认真地讨论。”

尽管事情最后不了了之，你也会给上司留下好感，因为你已造成“尽力而做”的假象，上司也就不会再怪罪你了。

通常情况下，人们对自己提出的要求总是念念不忘。但如果长时间得不到回音，就会认为对方不重视自己的问题，反感、不满由此而生。相反，即使不能满足上司的要求，只要能做出些样子，对方就不会抱怨，甚至会对你心存感激，主动撤回让你为难的要求。

（3）利用集体掩饰自己说“不”

例如，你被上司要求做某一件事时，其实很想拒绝，可是又说不出来。这时候，你不妨拜托其他两位同事，和你一起到上司那里去，这并非所谓的三人战术，而是依靠集体替你作掩护来说“不”。

首先，商量好谁是赞成的那一方，谁是反对的那一方，然后在上司面前争论。等到争论一会儿后，你再出面轻轻地说：“原来如此，那可能太牵强了。”而靠向反对的那一方。这样一来，你可以不必直接向上司说“不”，就能表明自己的态度。

这种方法会给人“你们是经过激烈讨论后，绞尽脑汁才下结论”的印象，而包含上司在内的全体人士，都不会有哪一方受到伤害的感觉，从而上司会很自然地自动放弃对你的命令。

在职场中，上司无法任由自己选择。因此，对待上司只能学会适应，除非你丢掉自己的工作。在这种情况下，和上司沟通的技巧就显得更加重要。和上司沟通一定要不亢不卑，要敢于说“不”，也要巧于说“不”。

你既不能自命清高，也不要卑躬屈膝。这是一个态度问题，也是和上司做好沟通的前提。

给上司提建议的四种沟通策略

聪明的小孩子往往懂得在大人高兴的时候提出自己的要求，而且，这时他们的要求多半会被满足。家长们在心情比较好的时候，为了不破坏气氛，往往会比平时更加宽容大度。

在上下级相处的过程中，也存在着同样的情况。自然，下属并不是小孩子，不存在对上司的人身依附关系。但是，他们之间的权力从属关系却是毫无疑问的，下属要取得的每一分利益都需要有上司的首肯。

在中国这种传统文化下，事实上，每个上司都有一种“家长”倾向，都有恩威并举的心理，那么我们就不妨因势利导，巧妙地加以利用，在上司春风得意之时，或提要求，或进谏语，必能收到意想不到的良好效果。

有一次唐太宗心情十分愉悦，便笑着问大臣魏征：“你看近来政治怎么样？”

魏征觉得这是一个进谏的好机会，马上回答说：“贞观初年，您主动地引导人们进谏；过了三年，遇到有人进谏，还能愉快地接受；这一两年来，勉勉强强接受一些意见，可是心里总觉得不舒服。”

太宗听后有些吃惊，问道：“你这样讲有什么根据吗？”

魏征于是便举出三件事来加以佐证，这三件事反映的是唐太宗在魏征所说的三个时期内对人的三种不同的态度。

唐太宗于是明白了，说道：“若不是你，不能说这样的话。一个人苦于自己不知道自己啊！”于是，更加虚心地听取臣下的意见了。

由此可见，给上司提建议，一定要注意时机和场合，以便使上司更能用心领会你的意见，而不会产生对你的反感。

例如，在娱乐活动中，一般上司的心情比较好，这时候提出建议会使上司更容易接受。特别是如果你能把所提的建议同当时的情景联系起来，通过暗示、类比等心理活动的作用，会对上司有更大的启发。还有些比较成功的下属善于接住上司的话茬儿，上承下转，借题发挥，巧妙地加以应用，从而很好地触动了上司，使许多悬而未决的问题得到解决。

有一个单位刚购置了一批计算机及相关设备，并准备修建一个机房。但在机房安置空调机一事上，上司却不肯批准，认为单位的同志们都在没有空调的情况下办公，不宜单独对机房破例。虽然有关同志据理力争，说明安装空调是出于机器保养而非个人享受的需要，但仍不能打破上司的老脑筋，说服上司。

后来，单位的上司与同志们一起出去旅游、参观。在一个文物展览会上，上司发现一些文物有了毁坏和破损，就询问解说员。解说员解释说，这是由于文物保护部门缺乏足够的经费，不能够使文物保存在一种恒温状况下所致，如果有一定的制冷设备，如空调，这些文物可能会保存得更加完善。

上司听后，不禁有些感慨。此时，站在一旁的机房负责人乘机对上司低语："其实，机房里装空调也是这个道理呀！"上司看了他一眼，沉思片刻，然后说："回去再打个报告上来。"很快，这位上司就批准了机房的要求，为他们装上了空调设备。

给上司提建议，还要注意提建议的各种忌讳。有时候，提建议或意见的确要冒一定的风险。有道是"枪打出头鸟"，一个人积极向上级提建议，当然获得提拔的机会多一些，可不小心也会撞到枪口上，反而会成为别人攻击的靶子。下面是提建议的一些忌讳，需要注意规避。

（1）不要强迫上司接受

有的人提建议属于强迫性的，非要上司接纳不可。如果上司不接受，他就脸红脖子粗地同你争论，直到说服对方才善罢甘休。这就像古代大臣的“死谏”，非要皇帝同意自己的谏言，否则就要碰死在大殿上。这样的大臣，就算不碰死，皇帝也会拿你开刀，何苦呢？

记住，你只是在提建议，至于上司接不接受，那是他的权利，千万别强迫。

（2）不要激化矛盾

就算你和上司存在争执，也不要激化矛盾。试图让上司全盘接受你的想法，往往会碰得头破血流。要想让你的建议得到上司的认可，最好先强调双方同意的见解，也就是说，要采用迂回的策略。

（3）不要全盘否定

有的人在向上司提建议时，总是喜欢否定旧有的东西。在他眼里，单位这里不行，那里不行，仿佛自己成了一个改革家。殊不知，你这样说，就等于把上司本人的工作成绩全盘否定了。这样的建议，如何能让上司接纳？

因此，就算你在表达意见的时候，也要具有选择性，不要把所有的事情都说得一文不值。那不但伤了上司的自尊，你的建议也会被束之高阁。

（4）在提建议时，不要贬低别人

有的人在提建议时，总会不自觉地采用了贬低、甚至诋毁同事的方式。在上司眼里，你这样做，不是在提建议，而是在打小报告。如果这些话让那些被你贬低的人知道了，你会有什么结果？

其实，给上司提建议，向来受到倡导和重视。毕竟，上下级之间都在为共同的目标而努力，只要你提建议的方式正确，提的建议有价值，一定会受到重视的。就像古代谏官向皇帝进谏，只要“谏法”得当，无论怎样难缠的上司，也会听一听的。

7.

化解你和上司矛盾的交际技巧

与上司的相处之道是一个老话题。可以说我们一生中，只要在工作，和上司的相处就一直在进行着。常言道："常在河边走，哪有不湿鞋？"和上司相处不会总是一帆风顺，不管是有心还是无意，总会有冒犯上司的时候。很多人在得罪上司后，最先想到的就是一走了之，这是最不可取的做法。性情中人都容易感情冲动，当你和上司产生矛盾，彼此双方都处于情绪不稳定的状态，这时候作出的决定往往会使人失去理智，而当你冷静下来时，也许就会为你鲁莽下的决定而后悔不迭。

当然，受到委屈后的心情是可以理解的，同样我们也应该理解上司在下属没有做好事后复杂的心情。下面一些交际技巧将帮助你化解和上司之间的矛盾。

（1）不要顶撞愤怒中的上司

当人处于愤怒状态下，他的一些言语和行为都会带有攻击性。上司作为你的直接领导者，这种情况会更加普遍，甚至会在愤怒的时候利用职权来作出对你不利的事。事实上，没有人愿意给自己多树立一个敌人，我们要做的只是在发觉上司有不悦的迹象时，找个借口走开，这样做可以避免和上司正面冲突。当上司在冷静过后，恢复了思考的能力，他便不会再用激烈的方式来处理你们之间的矛盾。

值得注意的是，在选择借口的时候，一定要以工作的名义，如果你用一个非常明显的回避理由，有可能被上司认为你在逃避他，这无疑会火上浇油。所以，巧妙地制造一个不得不走开的理由，会给双方情绪一个缓冲的余地。给上司一个自我调整的时间，之后再来解决问题将会方便很多。

（2）不要试图推卸责任

上司最不喜欢听到的就是下属把责任推卸到其他人身上，或是将责任归结于客观原因。你要知道，在你的职责范围内出的问题，不论有什么样的原因，最终还会由你来解决。即便你能够很好地自圆其说，把失误解释得很合理，到头来还会由你来解决。同时，上司并不会因为你的理由充分而原谅你。失误既然已经发生了，不如大方地承认自己的错误，并给上司一个合理的补救方案，想方设法找客观理由只能是一种自我安慰、自欺欺人的心态。

当你为你的失误辩解时，很可能会使上司的怒火无处发泄，这是一个很不好的迹象。上司很可能因此对你产生糟糕的印象，这对你今后的发展是很不利的。同时，失误发生后总会有人来承担责任，不论你把责任推向谁，承担责任的人都会对你产生意见，你今后便多了一个敌人。当你把责任总结为客观原因，这个责任只能由上司来承担了。因此，勇敢地承认自己的错误，是和上司化解矛盾的关键。

（3）主动和上司沟通

当你避开了上司的正面冲突后，接下来最好自己主动伸出“橄榄枝”。如果是你错了，你就要有认错的勇气，找出造成自己与上司分歧的症结，向上司作解释，表明自己在以后会以此为鉴，希望继续得到上司的关心。假若是上司的原因，在较为宽松的时候，以婉转的方式，把自己的想法与对方沟通一下，你也可以以自己的一时冲动或是方式还欠周到等原因，无伤大雅地请求上司要求宽宏大量，这样既可达到相互沟通的目的，又可以给上司一个体面的台阶下，有益于恢复你与上司之间的良好关系。

（4）不能放弃对上司的尊重

即使是开明的上司也很注重自己的权威，都希望得到下属的尊重，所以当你与上司冲突后，最好让不愉快成为过去，你不妨在一些轻松的场合，比如会餐、联谊活动等，向上司问个好，敬下酒，表示你对对方的尊重，上司自会记在心里，排除或是淡化对你的敌意，同时向人们展示你的修养与风度。

此外这样做还能表明你对矛盾的态度——就事论事。上司最担心的有时候并不是矛盾不能很好地解决，而是产生矛盾的下属将来还能不能很好地工作。当你在一些轻松的场合对上司表明尊重，同时也就表明你不会因此事而在以后的工作中带有情绪。当上司明白这一点后，你们之间的矛盾便不再那么重要了。

（5）不要向第三方泄漏你和上司的矛盾

和上司有矛盾后，我们往往会想向同事诉说苦衷，以寻求他人的理解。如果错在于上司，同事对此不好表态，也不愿介入你与上司的争执，又怎么能安慰你呢？假如是你自己造成的，他们也不忍心再说你的不是，往你的伤口上撒盐，更有居心不良的人会添枝加叶后反馈回上司那儿，加深你与上司之间的裂痕。

如果上司知道你在背后议论你们之间的矛盾，会认为你在搞小圈子孤立他，那样结果会对你更加不利。所以最好的办法是自己清醒地厘清问题的症结，避免第三者知道你们之间的矛盾核心，靠自己的力量解决。只有这样才能使自己与上司的关系重新有一个良好的开始。

当和上司发生冲突后，运用一些技巧来挽回尴尬的局面，使双方都能平息冲动，是很有必要的。能够巧妙地避开最坏的结果，化干戈为玉帛，才能在职场上立于不败之地，反之，意气用事，一走了之，将永远得不到上司的重用，更谈不上事业的成功。

读懂职场暗语，领悟同事的意图

在职场里，不要轻易相信别人说的话，因为别人所说的话可能是正话，也可能是反话，可能是暗语，还可能是明语。因此，一定要先分辨出对方所说的话是不是就是表面上要表达的意思。若不是，那就要分析对方话语的弦外之音，从而捕捉对方的真实意图。做到这点，你才不会被别人的“甜言蜜语”迷惑，才不会错把上司的批评当表扬，把同事的反对当成赞同。

下面，我们就总结出常见的职场暗语，并分析它们相应的弦外之音，从而更好地捕捉他人的真实意图，避免走一些不必要的弯路。

（1）蜜糖型暗语

所谓蜜糖型暗语，就是听起来像蜜糖一样甜，但细细品味之后，你会发现弦外之音耐人寻味。这就好像是糖衣炮弹，外面裹着华丽的外衣，里面却是“毒药”。所以，对待这类暗语一定要小心分析，细心揣摩。

① 领导夸你善于社交

有一天，你跟领导出去应酬，领导当着客人的面夸奖你善于社交，是个撑得住场面的人。你可别高兴得太早，因为上司的弦外之音可能是：等会儿你要在酒桌上好好表现，关键时刻要为领导挡酒，而且要陪对方喝好，将对方喝倒。否则，你可就对不住领导的夸奖了。

② 老板说“公司效益很不好”

当你听到老板说“公司今年的效益很不好”时，你千万别以为老板只是感叹一下。要知道，老板可能是在暗示你：公司效益不好，可能养不活现在这么多人，裁员的日子不远了。而老板为何要跟你说这句话？很可能是在给你打预防针，到时候裁的就是你。所以，你要小心了！

③ 领导夸你幽默

别天真地以为领导真的是赞扬你幽默，他很可能是在暗示你：在办公室里讲的段子太多了。所以，你得反省一下自己，是不是有类似的行为，有的话一定要注意改正。

④ 领导夸你报告做得完美，只是有几个小错误

不要以为领导真的夸你报告写得好，很可能领导在暗示你：怎么能犯这些低级错误呢？所以，你最好还是老老实实地改掉这些小错误。

（2）常规型暗语

所谓常规型暗语，是指涉及具体工作或工作期间表现的评价性的、表态性的话语。

① 上司说“可以再考虑考虑”

有一天，你拿着方案给上司过目，请教上司的意见，上司评价道：“可以再考虑考虑！”你还是别再考虑了，直接换个方案才是最聪明的应对之策，因为上司的话外之音很可能是你的方案不行。当然，上司到底是什么意思，你可以结合他的肢体语言和他对你方案的其他评价来判断。

② 领导说“上级要来检查”

当领导跟你说“上级要来检查”时，往往意味着你们要好好准备应对检查，很可能你今晚要留下来加班了。

③ 上司问你“最近是不是家里事比较多”

如果哪天上司莫名其妙地问你：“最近是不是家里事比较多？”你可千万别说：“是啊，家里确实有很多事……”然后滔滔不绝地跟上司讲家里发生的事。要知道，上司根本不关心你家里发生了什么事，他的弦外之音是你最近工作不够努力。

八、把话说到客户心坎里，业务就做成了

业绩是一个人工作能力的最好证明，
特别是销售人员，
销售业绩高于一切。
而面对众多客户，
想要把公司的产品推销出去，
你就不能不懂客户的心，
只有把话说到客户心里去，
客户才会认同你、你的产品，
签下合同。

开拓业务，从说好第一句话开始

俗话说得好，“好的开始是成功的一半”，可是俗话又说“万事开头难”。在人际交往中，说好第一句话，就会令人耳目一新，即将开展的人际交流也许会因此顺畅不少；如果第一句话没有说好，我们就不得不绞尽脑汁地挽回第一句话带来的负面影响。

现在生活节奏快，步调紧凑，一个人给别人的印象如何，几句话便能决定，所以第一句话能否引起别人的注意，给人好感，便相当的重要。

默默要去相亲，本来打扮得光彩照人，心情也是欢天喜地，可是路上发生了一场小车祸，人虽然没有受伤，但是相亲的心情荡然无存，于是打电话告诉介绍人，今晚的见面取消。这时候话筒中传来一个陌生的声音：“你不要紧吧？先去医院看看吧，没事，不见面不要紧！”默默听出是今晚的相亲对象，心中对他一下子增分不少。

第一句话就是这样一下子体现了说话人关注的对象，体现了说话人的内心冷暖。在日常人际交流中，两个人见面必然要打招呼。客套话说多了，难免对方的注意力会下降，留给对方深刻印象的可能性就会降低。所以说好第一句话，就能在第一时间抓住对方的注意力。那么，第一句话怎么说？

（1）故交式

人际交流中，与人初次见面时第一句话是留给别人的第一印象，说好第一句话的关键是亲热，是贴心，消除对方对你的陌生感和戒备心。马克思主义哲学认为，事物是普遍联系的，只要细心，你就会发现，两个人总有这样或那样的联系。所谓的故交式就是攀交情、找联系，将原本天南地北不相干的两个人用一根纽带联系起来。

大甲要去谈生意，内心很忐忑，因为己方公司报的价格太低，而对方老总又是出了名的“周扒皮”，一毛不拔。

刚进对方公司，大甲就听前台服务人员说对方老总是个出了名的篮球迷，追星的程度不亚于年轻的追星族。等到见了对方的老总，对方还没有说话，大甲就拱了拱手，说道：“大师兄好！”对方听得云里雾里，很诧异地问大甲：“怎么我就成了你的大师兄了呢？”

大甲不慌不忙地说：“谁人不知道您是乔丹迷，而我呢，正好是科比迷，我们都是NBA球星迷，乔丹又是科比的前辈，叫您一声大师兄自然是应该的。”

大甲就是巧妙地找到两个人的共同点，将原本两个陌生人用“篮球迷”这个纽带连成了故交。人与人之间的交往，语言的交流是最感性的，用故交式说好第一句话，对方的精神上就没有了距离，这样展开的交流自然是“沟通无障碍”了。这种纽带可以是共同爱好，可以是相近的地理位置，可以是相仿的性格……具体情况具体分析即可。

（2）礼貌式

所谓礼貌，在人际交流中至关重要，它反映的不仅仅是外在的交际能力，还是一个人内在的思想道德水平，是一个人文化修养的体现。所以在我们说第一句话的时候，采取礼貌用语会给我们增分不少，尤其是自然流露的礼貌和修养，更是让人对说话者好感度增加。

人才市场上人满为患，小王兴冲冲地冲到前面去，他有着三年的工作经验，又是名牌大学的毕业生，所以对自己信心满满。他将简历递给招聘单位代表的时候，想问下待遇，张口便道：“请问你们招聘这些东西……”话刚出口，小王就意识到自己说错话了，赶紧打住，但是招聘方已经冷冰冰地纠正了：“我们招聘的是员工，不好意思，不是东西——”离开招聘人才市场的时候，小王就知道自己没戏了，懊恼不已。

说第一句话的时候，在礼貌和得体方面尤其要慎重。和人交流，如果因为没有礼貌，而影响别人对你的评价，那就太得不偿失了。当你大方礼貌地跟对方开始第一句话的交谈的时候，已经给对方留下某种程度的好感。

（3）关怀式

在日常生活中，要让对方对你产生好感，留下好印象，不妨通过关怀这个途径，察言观色，了解对方近期最关心的问题，掌握对方的心理。被股市套牢的人，不妨对其说说坚持就是胜利，巴菲特也曾被套牢过；对于对未来忧心忡忡的人，不妨告诉他路在脚下，现身说法一通……通过关怀，让人觉得你很贴心，交流自然顺畅起来。

大力听说小张家的孩子高考落榜，本科线都没有上，两口子天天长吁短叹苦着一张脸。这天，大力回来的时候在街口碰见了小张，大力张口就说："小张，我们公司新来了一个总监，可是不得了，高考落榜自学成才，现在身价都快过亿了！"小张一听眼睛立刻亮了："真的啊？""当然是真的了。高考跟成功也没有多少必然的联系，你看看中国的首富，哪个不是草根啊？白手起家，知本将来还是要为资本打工的。别为孩子担心，再说了，孩子还小，没准明年一下子考上清华，你就等着高兴吧！"

其实大力的儿子今年也高考，考上了人大。我们试想一下，如果在说话的时候，大力大谈榜上有名的光荣，喜形于色地谈论儿子的大学，后果会怎么样？小张不拂袖而去就算涵养好了。大力却通过关怀，留给小张一个关心他人的仗义形象，后来大力跟小张还真的很"铁"。

（4）悬念式

素昧平生、没有交集的两个人，如果你对他一无所知，但是还想同他交流，这时候用设置悬念式开展自己的第一句话是再好不过的了。设置悬念就是先抛出一个很让人玩味的话题，而后将答案和盘托出，在问答之间，成功地挑起对方的谈话兴趣，减少两人之间的陌生感，还能给对方留下不可磨灭的深刻印象。或者是故意说些让人目瞪口呆的话，就在别人摸不到头脑的时候再说出本身的含义，自然能让人眼前一亮，这种方式在一些公开场合，同样具有效力。

任小齐参加一个有关肺癌防治的会议。这个会议人数众多，几乎等了一个上午，会议都要结束了，他都没有找到一个见缝插针表现自己独到观点的时机，打断那些滔滔不绝的“腕”的话更不合适。

这时候一位会者说：“我坚决认为吸烟不好，应该呼吁在社会上开展一场新的戒烟运动。”话音未落，小齐站了起来，说道：“我认为吸烟可是大有好处！”此言一出，四座皆惊，小齐看见效果达成，才慢条斯理地接着说：“吸烟最大的好处是节省布料，因为吸烟容易使人患上肺痨，导致驼背、身材萎缩；吸烟还可以永葆青春，不等年老便可以与世长辞！”

小齐的话，让会场上出现了经久不息的笑声。与会的医学界的“腕”们，都记住了这个认为吸烟有好处的大夫。

一句骇人听闻的话，引起了全场的注意。在大家屏住呼吸的时候，又诙谐地表明自己的观点，先抑后扬，将自己设置的悬念广而推之。

说好最后一句话才会有下次合作

说好第一句话难，说好最后一句话更难。说好第一句难在打开局面，说好最后一句话难在要让自己的结尾说得余韵悠长，三月绕梁。当年马克·吐温以一句“再见，我们很快就会相逢”作为自己一生的最后一句话，至今仍然让人赞叹“真名士，足风流”。可见说好最后一句话的重要。

前天坐车回家，路上有一个年轻人身旁放了好几个大包，一看就是从外地来的。他靠在售票员旁边，手中拿了一张地图仔细研究着，他犹豫了半天，不确定地问售票员：“你好，请问去颐和园从哪儿下车？”售票员是个短头发的小姑娘，立刻跟他说：“再过六站就到了！”两个人随后又说了几句话，气氛倒是融洽。就在即将到颐和园的时候，年轻人跟售票员礼貌地道谢。就在大家感叹这幕温情的场面的时候，售票员也说了自己的最后一句话：“下次干脆就问路得了，瞧，你拿着地图也看不明白！”

这最后一句话的威力让年轻人红了脸，下车的时候瞪了售票员一眼而后才扬长而去。说好最后一句话，能让我们的交流从现在汇聚到未来；说得不好的最后一句话，只能是全面否定了我们之前给人的印象，而且还有让人更加嫌恶的副作用。

怎么让自己的最后一句话有画龙点睛之效呢？

（1）好话串对串

俗话说，好来好去就有好结果。说好话，能打开交流的大门，同样，说好话也能为我们以后的交流打下基础。当你已经完成了人际交流的最终目的，不妨给对方额外的赞美，让对方因你的表扬赞美而感到开心。

梁子很纳闷，同是推销员，他自认为自己的口才不比余辉差，但是不知道为什么，余辉的回头客就是比自己多，他想破了头也想不出为什么。梁子干脆去问余辉，余辉笑呵呵说："下次你注意看我怎么说就是了。"

梁子在余辉推销的时候格外注意，余辉也是跟他一样，卖力地推销自己的东西，似乎推销的过程没有什么不同。但是梁子注意到余辉跟自己不同的是，不管做没有做成生意，他最后的夸赞都少不了，夸人家小孩聪明，夸人家的布置有品位，就算那些没有买东西的顾客，余辉也这么说。梁子不明白，余辉为什么要费这个力气讨好不是顾客的人呢？余辉笑眯眯地回答："这次不是我的顾客，难保他下次不是啊。"

说好最后一句话，是在为以后的人际关系打基础。现在交际圈子越来越大，也许今天的两个陌生人就是明天的合作伙伴，在谈话的最后赞美别人，是为了给以后的可能留有余地。即便真的存在一锤子买卖，赞美别人，也能让对方和自己同时拥有好心情。

（2）好事对对来

当然，如果要让我们同对方的人际关系始终处于一个良性的轨道中，那么就不能只局限于对对方的赞美了。最后一句话，要为我们的交流腾出最广阔的空间。如果是年纪相仿，或者是合作伙伴，或者是有共同爱好，那么此次的交谈不如为下次的见面做个预约——打一场篮球，或者逛街，或者去酒吧茶馆喝一杯，都不失为一次完美人际交流的结尾。

玲玲代表公司去谈判，这次的谈判极为艰苦，对方寸步不让，这让玲玲举步维艰，但是经过努力，谈判取得了突破性的进展。谈判结束后，对方的代表仍然冷冷淡淡，似乎谈判时候的火药味延伸到了现在。玲玲又试着同对方交流了几句，得到的始终是冷冷冰冰的回应。就在玲玲要告辞的时候，同对方的谈判代表说："大家都是年轻人，这周有时间的话，一起去酒吧坐坐好不好？不是说不打不相识嘛！"对方代表很惊异于玲玲的反应，但是还是答应下来。

邀请对方是一种礼仪，同时也是一种积极的态度，对方会从这句话中感受到你是值得合作的伙伴。凭借着这样的最后一句话，有可能会把无数的陌生人，变成好朋友。因为一回生二回熟，会有几个人拒绝你真心的邀约呢？更何况也不用自己出钱。

（3）关照时时要

心理学中讲，人对于比自己弱小的人，会自然而然产生一种保护心理，所以在最后一句话的末尾，不妨主动示弱，抬高对方。每个人都希望被需要，被重视，抓住了人的这一特点，我们的最后一句话，就能打进人的心坎里。

说好最后一句话主要有三个大忌：

一是草草结尾，给人以迫不及待的感觉，这是对别人的不尊重，也会推翻你先前给人的好印象。

二是虚假的客套，所谓言必行，行必果，如果你出于客气邀请对方去做什么，对方答应后，你却没有办法履行约定，那么只能说，你的印象分会成为负数。

三是示弱的时候，不要一味地给对方戴高帽，相信别人的智商，他分得出什么是赞美什么是溜须拍马。

看到对方做稍息姿势，你就该告辞了

程凌是一家追债公司的追债员。他的工作很自由，每天到处跑，不用坐班，只要到月底能追讨回公司规定的欠款数额，就算完成了任务。公司会按照一定的比例，给他业务提成，然而，追债并不是一件轻松的工作。

他给很多债主打电话时，尽管声音显得很放松，但他的脚踝始终紧紧相扣，并且放在椅子底下。这说明他内心有很大的压力。

有一次，程凌在联系一位债主时，对方说正在某商场陪老婆逛街。他赶到商场，将对方约出商场，针对债务一事进行了沟通。在沟通的过程中，程凌发现债主始终保持稍息的站姿，还不时扭头往商场里看，只要程凌说话，债主就会急忙打断："我明白你的意思，我会尽快把钱给你的，你放心吧！"

程凌意识到，债主很想结束谈话，可能是害怕老婆发现他欠着外债。据说，债主借的钱是用于赌博，结果输光了，老婆还不知道。于是，程凌对债主说："我知道你害怕被老婆发现你欠着外债，你不用担心，只要你在一个月内把钱还上，保证你老婆不会知道！"说完这话，程凌鬼魅般地冲债主笑了一下，然后跟债主告辞。

半个月后，债主乖乖地把钱还上了。

稍息式站姿是指两脚之中任何一只脚略向前跨步，两脚之间呈75度角。这种站姿要求两脚都保持着地，但全身力量多集中在后脚，前脚只起辅助作用，承受的重量较轻。人为什么会做出稍息的姿势呢？也许你会说，这样站着舒服。但为什么这样站舒服呢？其实，这里面是有原因的，因为这种站姿能表达当事人的特定心理。

在中世纪的画作里，身份高贵的男主人公总是保持着稍息的姿势，因为这种站姿能展示他们精美的袜子、鞋子和裤子。但这个动作发展到今天，又有了不同的含义，心理学研究发现，在稍息的姿势中，伸出的脚尖所指的方向，往往代表着当事人内心所向往的方向。这个姿势非常有利于我们判断一个人的内心打算。比如，当一群人围在一起聊天时，大家伸出的脚尖，总是会朝向最幽默或是最吸引自己的那个人。

再如，在一次聚会中，有个人呈稍息的站姿，伸出的脚尖指向一个女孩，这说明他对那个女孩有好感，心里很想接近那个女孩。如果你和那位女孩熟悉，那不妨成人之美，给他引荐一下，或在中间给他们制造一些接触的机会。

当你和别人谈话时，如果你发现对方呈稍息的站姿，他伸出的脚尖朝向最近的一个出口，那代表他对你的讲话不感兴趣，想早点结束谈话。这个时候，你要么调整一下讲话内容，讲一些能够吸引对方的话题，要么结束谈话，让对方离开。如果你还在原来的话题上纠缠下去，只会让对方更加反感。

此外，稍息的站姿还有另外的含义。比如，演讲者在作演讲时，如果呈稍息的站姿，那么，他就可以以后脚为支撑，向四个方向移动。一般来说，当他向前方移动脚步时，代表积极的意义，如支持、肯定、坚信、进取等；当他向后方移动脚步时，则代表消极的意义，如否定、退让、疑惑、颓丧等。而向左右移动时，则表示他对相应一侧的听众做出回应。

所以，在观察一个人的稍息姿势时，不能想当然地认为这个姿势就代表对方想结束谈话。具体是什么含义，还需结合谈话内容、对方所展现的态度以及对方所表现出来的其他的身体语言等综合判断。

留意客户的小动作

客户摘自己衣服上的毛，是反对信号

苏菲与客户道别并约好下次见面的时间后，就转身走进了旁边的餐厅。

苏菲的顶头上司刘经理刚才就坐在隐蔽处观察着苏菲与客户的一举一动。苏菲兴高采烈地走到刘经理面前，一脸得意地问道：“刘经理，我刚才的表现怎么样？”

苏菲刚才一直侃侃而谈，她相信就凭自己把客户侃晕的本事一定能赢得销售部销售冠军刘经理的赞赏。然而，出乎苏菲意料的是，刘经理轻叹了一口气说道：“苏菲，你的口才确实是很好，但是你至少应该在客户表示反对的时候停顿一下，让他发表一下自己的看法。”

苏菲大吃一惊，疑惑地问道：“他并没有否定我的意见啊？”

刘经理问道："那我怎么看见客户一直在抓自己衣服上的毛毛呢？真的是因为他衣服质量差，起了毛球吗？"

苏菲这才想起来，当自己提出自认为对对方非常有利的方案后，那位客户时不时地去摘自己衣服上的绒毛。当时自己并没有在意，以为是他的衣服起球了。没想到，这个动作却另有深义。

到见面的约定时间时，苏菲再次打电话给客户，客户却以自己另有要事在身作为推托。苏菲挂断电话，长长地叹了一口气。

在职场中，假如一个人对对方的观点表示反对时，他有可能直接反驳，但更多时候，他认为没必要提出反驳意见给双方造成不愉快。因此，他会选择不表达反对意见，但是他内心的反对情绪会通过一些小动作表现出来。比如，伸手摘去身上并不存在的绒毛等。

事例中的客户因为不想给双方带来不愉快，便选择不表达反对意见，通过摘掉自己身上并不存在的绒毛这一动作来表现自己内心的反对情绪。

然而，在苏菲与客户交谈的过程中，她丝毫没有注意到客户的这一举止，结果流失了一位客户。

上面的事例告诉我们一个道理：在与客户交谈时，不要忽略客户的一些小动作。他们转动手中的杯子，或者低垂着头，这看似漫不经心的小动作，实际上却在告诉对方："说什么呢？""真是搞笑。""这怎么可能？"即使对方抬起头来看着你点点头，或者口中说着"嗯……对……好……"只要他那些小动作不断，我们就能断定对方内心深处并不是真正地表示赞同。

不管在职场中，还是在生活中，哪些动作是反对的信号？你们有注意到吗？下面将作一个总结以供大家参考：

（1）伸出食指来回摆动

手臂弯曲，手心向着谈话对方，轻握拳，只有食指伸直，随着小臂左右摇摆，并伴随脑袋而左右晃动。这个动作表示坚决不同意，反对某一事情。

（2）故意摘自己衣服上的绒毛

当一个人故意做出摘除自己身上不存在的“绒毛”这个小动作时，就表明他反对交谈对象的观点。假如对方不好意思说出他的反对意见，但又想让你知道他反对的立场，他就会将表示反对的小动作做得更明显一些。

（3）闭眼睛

当你与对方交谈时，他闭眼睛，你就应该停止说话。因为闭眼睛的基本含义是反对，不要勉强去促成。

（4）摇头十分明显且频率特别高

当摇头表示明显反对时，人们的头部动作就会左右摇晃得十分明显，而且频率也特别高。这个动作暗含着对对方所说的话非常不耐烦。

以忙为借口的客户在等你三顾茅庐

乔合是一家公司的市场部主管。最近，他们公司开发了一款新产品。李总是他们公司的重要客户，乔合拿到新产品后，就立即打电话给李总说：“李总，我们公司最近开发出一款新产品，您看下周二方便吗？如果方便的话，我把我们的产品拿给您看下。”

李总略微思考了一会儿说：“我看情况吧，我最近实在太忙了，你提前跟我的秘书联系下。”

“好的，好的！”乔合闷闷不乐地挂断了电话。

经理路过乔合身边，见他愁眉不展的样子，便问道：“发生什么事了？”

乔合把自己约李总的事一五一十地告诉了经理，经理听后大笑着说：“我说什么事呢？他说忙，不过是借口而已。”

“啥？”乔合惊讶极了。

“一般来说，以忙为借口拒绝你的人只是需要你的再三邀请，我跟这些老滑头打交这么多年，早就琢磨出来了。”经理耐心地说，乔合却听得一愣一愣的。

“你知道三顾茅庐的故事吧？诸葛亮为什么要等刘备再三邀请，他才会答应与他见面呢？这里面可大有文章。诸葛亮就是要借此来强调自己的地位，否则，刘备怎么会那么重视他呢？”

听完经理的一番话，乔合如梦初醒，他又立即给李总打了一个电话说：“李总，不管你有多忙，都请您抽出一点时间给我，我们公司新开发的这款产品绝不会让你失望的。”

“哦！那这样吧！我跟我的秘书说一声，让她给我安排出一点时间来。”听到李总的话，乔合高兴得合不拢嘴，向经理竖起了大拇指。

在工作中，当我们邀约他人时，常会被对方以忙为借口拒绝。他们是真的忙吗？其实不然，忙不过是假象，目的只是为了突出自己的身份。因为在大多数人看来，人们对那些容易得到的东西往往不会珍惜。所以，当别人有求于自己时，他们总会以忙为借口推脱，以此来突出自己的身价，希望获得对方足够的重视。

其实，在人际交往中，我们很多人对那些平常很容易就能见到的人，并不会太重视；而对那些经过再三邀请，对方却因为忙而一推再推的人会愈加重视，仿佛经过努力得来的见面机会才会显得弥足珍贵。

事例中的乔合在邀请李总时，被对方以忙为借口拒绝时感到沮丧不已。恰巧碰到经理，经理与他进行一番沟通后，他恍然大悟，再次言辞诚恳地邀请李总时，李总便适时答应了。

可见，如果我们知道了所谓的“忙”只是需要你再三邀请的话，那么你就能找到突破口。我们知道了人的这种心理，在联系一些重要人物而遭到拒绝时，我们采用的最好方法就是再三邀请。而且我们在邀请对方时，一定要表达自己足够的诚意，同时有意提起并加重对方忙碌的程度，以显示你知道他很忙，潜台词是你知道他的身份不一般。

一般来说，当对方觉得摆架子的火候差不多时，他自然会答应你的。如果你的邀请非常重要，对方心理也非常清楚。他绝不会为了摆架子，而白白浪费一个大好机会。

值得注意的是，“忙”有时候也是拒绝的一种代名词，他其实是想拒绝，但又不好意思说出口，但以“忙”为借口进行拒绝。比如，说你的邀请确实对对方完全没有吸引力，这种情况下，我们更应该让自己的邀请更有诚意。

当然，对方有时候确实很忙，他确实腾不出时间来。所以，我们要具体问题具体分析。总之，我们再三邀请显示出了我们足够的诚意，不管对方是何种原因，我们已尽到了最大努力，无论成与不成，我们都无怨无悔。

6.

客户揉搓双手，你就已经胜券在握

双手揉搓的人，对你说的事情充满期待

天冷的时候，人们喜欢双手揉搓，因为这样可以摩擦生热，让双手温暖起来。可奇怪的是，在大热天里，也有人双手揉搓，这肯定不是因为手冷，那这个动作反映出什么信息呢？

王娜是个房产经纪人，一天，她像往常一样在整理客户资料，准备等一会儿给潜在客户打电话推销房子。

突然，一位中年男士步履从容地走进售楼部，来到王娜面前打听房源信息。虽然对方嘴上说“我只是来问问情况，了解一下当前的房市，买房的事情不着急”，但王娜从他的穿着打扮、谈吐气质等方面来看，觉得他应该是一位商人，是个潜在的客户。所以，就推荐了几套比较符合对方期望的房源，并细心观察他的言谈举止，希望找到突破口。

就在王娜介绍到一套景观别墅时，这位男士的眼睛亮了起来，双手不自觉地揉搓起来，并且这个动作持续了很久，直到王娜把这套别墅的情况完全介绍完为止。

王娜是个久经沙场的老将，看到客户的这个举动，自然不会错过乘胜追击的机会。她当即给客户降了点折扣，并告诉对方："这套房有多位客户来看过，如果您真的想买，那就赶紧定下来，因为我怕被别人买去了。"

客户没有推辞什么，就爽快地交了5万元定金，并承诺三天之内来补交剩下的房款，签订购房合同。

从这个事例中，我们可以看出，当一个人对某件事充满了无限期待和向往时，或在做某件期待已久的事情时，都会流露出这种兴奋的神情，而且这种期待是饱含自信的。

生活中，双手揉搓这个动作不只是在以上几个场合出现，它的应用是非常广泛的，属于手部常见的动作。其含义不言自明，从当事人的说话姿态和精神状态中就能觉察出来，那就是对即将发生的事情充满自信和期待。

具体来说，双手揉搓还有一些变化动作，它的含义也会随之发生变化。

比如，销售员向你推销其产品时，不断地快速揉搓手掌，可能说明他有信心让你从产品中受益，潜台词是：你只管放心买我的产品就是了，保证不会让你吃亏。

反之，如果他慢慢地揉搓手掌，那你就要小心了，因为这个动作说明这次推销的受益者是他，而不是你，即他很可能在忽悠你。比如，开价较高，或产品质量不行，一旦你买了他的产品，很可能吃亏上当，或多花了钱。

再者，如果服务员在饭店即将打烊的时候走过来，揉搓手掌问你："先生，请问你想吃点什么？我们饭店有很多特色菜！"这时你最好别太当真，因为他的手部动作与他的话意相反——希望你赶紧离开，因为饭店马上就打烊了，你可别耽误他下班的时间。

双手揉搓还有另外一层含义，代表内心忐忑不安。比如，初次登台演讲的人，在登台之前，就开始揉搓双手，在台上讲话的过程中，也不断地揉搓双手。在这种情况下，揉搓双手就不是表达期盼，而是内心紧张、不安的反应。

有时候，人在揉搓双手时，手心还会出汗，这说明他内心极度紧张、恐慌。比如，做了坏事，自知要受到法律制裁的被告人；还有被人收买，出庭作伪证的人。通过观察他们双手揉搓的力度、是否有汗，可以更准确地掌握他们的真实心理。

另外，理解双手揉搓这个动作的含义时，一定不能离开它的特定情境。比如，在寒冬的清晨，有个人在公交车站等车，双手不停地揉搓在一起，这个时候他揉搓双手的根本原因是手冷。

十二种性格客户的推销攻心策略

虽然人的性格复杂多样，但是却并不是没有规律可循。这里谈及大部分情况中的十二种性格，并对其进行分析，给推销员以合适的推销方式。

（1）忠厚老实型

这类性格特征的顾客一般会在心中设定“拒绝”的界限，如果推销人员能够客气并且说得句句在理的话，他们通常很容易点头称是，并逐步放松对推销人员的警惕。

推销员面对此类顾客，在会谈时最重要的就是让他们点头说是，等到关键时刻，可以通过反问：“您看这么好的产品，不买多可惜呀，您不想买吗？”这种关键时刻反问的效果就是瓦解他们的防御心理，让他们不知不觉中完成交易。

（2）自我吹嘘型

自我吹嘘型的顾客一般喜欢自吹自擂，夸耀自己见多识广，因此，推销员应该首先当一位忠实的听众：津津有味地听，时不时地点头夸好，为对方喝彩。当他们的虚荣心得到了满足后便十分开心，买销售人员的产品也就变得十分自然。

和自我吹嘘型顾客交往的一个技巧就是把握好自己的时间，在说明自己的产品之后要及时收尾。推销员可以说：“真是荣幸和您这么有见识的人交流，不过，我不想过多地打扰您的时间，您看您想要多少我们的产品呢？”

（3）冷静思考型

冷静思考型的顾客的表现特征一般为双方初次见面时，顾客只会与推销员握个手、寒暄一下，仅此而已。在交谈过程中，他们通常都是扮演听众的角色，他们思索，他们以犀利的怀疑眼光打量着对方，打量着产品，适时地能提出很多问题。

在推销过程中，推销员一定不要表现出一种迫不及待的样子，而是要十分真诚、十分有分寸地介绍好产品的性能特征，一旦打消了他们对产品质量和产品售后服务的顾虑，他们就会逐步建立起信任。在经过他们理性的思考和分析后，他们便会做出理智的选择。

（4）冷淡严肃型

冷淡严肃型的人通常分为两类情况：外冷内热型和冷淡傲慢型。若顾客是外冷内热型的，那么推销人员完全可以通过对产品的谨慎说明诱导出他们购买产品的热情和冲动情绪。在让他们对产品感兴趣后并和他们建立了友善的关系，他们就是长期的合作伙伴。

若顾客是一位冷淡傲慢型的人，推销人员可以通过激将法引起他们的辩驳，并通过最终购买的行为来证明他们是什么样的一种人。这种激将法就是对付他们的最好方法。

（5）内向含蓄型

内向含蓄型和外冷内热型的人有点相似却又在很大程度上不同，内向含蓄型顾客在外表上安静冷漠的同时还局促、拘束，不愿应酬，甚至有些神经质，在女性中较多。

推销员如果在推销时遇到这类顾客，就应该谨慎稳重，细心观察他们的情绪以及行为方式的变化，坦率地和他们交流并多进行鼓励。在与其交流时要适时地选择合适的话题，让他们消除紧张，建立起值得信赖的友谊。

（6）先入为主型

有些顾客在还没有行动时貌似就有了准备。“我只看看，不想买”这种表述的人明显就是“先入为主型”的典型。

面对他们要真诚地接近，再在条件允许的情况下给予一点优惠，让他们动心，他们就会否定自己原来的态度而变成只要条件允许他们就会购买。

（7）豪爽干脆型

豪爽干脆型的人一方面开朗乐观，做事积极决断力强。推销员不能婆婆妈妈，在举止言行上要显得如同北方人的豪爽奔放，不能啰唆个没完却没有重点。只要简短地介绍完产品的用途和特点，然后坦率地提建议即可，而不需要对顾客左讲右聊。最后以一句话结尾："买不买，一句话。"这会使顾客觉得销售人员十分"够意思"，买个产品交了个朋友。

（8）滔滔不绝型

有一种人总是爱说话，被人们称为"十分能侃"。只要他们开口就很难再停止，他们口若悬河，东扯葫芦西扯瓢，没完没了。

应对这种类型的顾客，推销员就要保持一定的耐心，顾客心情高涨时切不可打断；然后抓住时机，找准谈话机会，将谈话人引回到自己要谈及的话题中。

（9）圆滑难缠型

比滔滔不绝型的人更糟糕的是还有一类人，十分世故难缠，他们老练圆滑，即使是许下了诺言也不一定能够实现。他们不但向推销员索要各种各样的资料，而且更是不断地提出各种尖刻的问题，或者不断地拖延、砍价，但是至于他们买不买，却很难判断。

而对于顾客的尖锐问题，推销员要尽量避开，不予正面回答。不过，推销员既然可以学会制造僵局，让顾客进入紧张氛围，也需要学会缓解紧张气氛，让顾客最终购买产品才是重点。

（10）感情冲动型

感情冲动型的人很容易受外界因素的影响，这类人一般不会顾及后果，他们可以打断推销人员的话语，随着自己的性子妄下断言，自有判断，脾气上来了反悔自己原先的承诺和话语也不是没有可能。

面对这类顾客时，推销员一定要抓住他们的性格及情绪波动情况。抓住他们心情舒畅的机会和他们做出买卖的决定；而当他们心情抑郁时，则尽量避免和他们接触。

（11）吹毛求疵型

吹毛求疵型的人通常都喜欢挑毛病，鸡蛋里头能挑出骨头来。他们认死理，争强好胜，从来不会认输。那么该如何抓住他们性格的软肋呢？

推销员可以通过迂回战术，先是假装争辩，然后赞美对方，让对方觉得自己在双方辩论上已经赢了面子，再忍受一下这个时期顾客的发泄，让他们彻底觉得自己真的很高明。直到他们自己也觉得过意不去甚至表现出不好意思。推销员就可以趁势进入推销主题，最终敲定交易。

（12）生性多疑型

有一种人他们在家庭、工作等各方面都十分不满，尤其是在某方面上过当受过骗之后更是不愿意相信别人。面对推销员，他们只有一个概念："骗子。"

面对此种类型的顾客，推销人员一定要亲切以待，不可施加压力，千万不能与其争辩。在进行产品的推销说明时，态度言语一定要以顾客的情绪为重点，让其首先缓和心态，然后再用十分有说服力的语言，如权威评价或者各种坚定等让其信服。因此面对此类顾客，推销员一定要在专业知识上做足功课。

以上各种性格类型的顾客都是在正常生活交往中经常遇到的，无论是哪种，作为推销员都应该要熟知并能自如地运用心理知识，针对不同的类型采取不同的措施，最终出售自己的货品。

九、懂点性格行为心理学，跟任何人都聊得来

“龙生九子，各不相同”。
每个人都有自己的性格特点，
于是有了不同的说话方式、行事风格。
破译每一种性格的行为密码，
我们就可以亲贵人、远小人，
找到跟他们沟通的正确方式，
跟任何人都说得来、处得好。

对完美型性格的人要多些幽默感

有些人不管对人还是对事，不管是对自己还是对别人，都有很高的标准和严格的要求。他们凡事力求做到尽善尽美，即使已经做得非常出色了，仍然不满足，这就是完美型性格的人。让我们来看一个例子：

2004年，维纳斯·威廉姆斯在法国网球公开赛上取得17连胜的骄人战绩。在接受记者采访时，她说了这番感言：“我还不够努力。有时候，我获胜心切；有时候，我求胜心又不够强；有时候，我不遵从教练指导；有时候，我不听从自己的安排。我讨厌在任何事情上犯错，不仅是球场上。”

很显然，威廉姆斯是一个完美型性格的人。不论是在球场上，还是在生活中，她都力求完美，不允许自己有丝毫的错误。

在人际交往中，完美型性格的人总是表现得很得体、礼貌，他们怕别人不在意自己，又怕别人太在意自己，因此显得很矛盾。他们严格遵循规则，对破坏规则的人嗤之以鼻，甚至深恶痛绝。

在生活中，完美型性格的人总是循规蹈矩，一丝不苟。他们会把家里的物品摆放得井然有序，他们甚至有洁癖，做事喜欢亲力亲为，不太放心把事情交给别人。所以，他们经常弄得自己疲惫不堪。

在日常生活中，完美型性格的人通常有以下几种表现。你可以对照这些行为表现，判断自己和身边的人是否为完美型性格的人。

①表情严肃，不苟言笑，缺少幽默感。

②衣着整齐，把家里收拾得很干净，所有东西会放在固定的地方。

③看不惯乱放东西，一面收拾，一面骂人，而且絮絮叨叨。

④ 不会说甜言蜜语，经常批评别人不好，喜欢鸡蛋里挑骨头。

⑤ 心思细密，内心敏感，注重小节，所以整天忙碌。

⑥ 做事有计划，不会盲目跟风，主见性很强。

⑦ 完美型性格的人看似很完美，实际上这种“完美”是一种典型的不完美，西方心理学家指出，过度追求完美是一种病态心理，对身心健康不利。

那么，如果你身边有完美型性格的人，你应该怎样与他们相处呢？

① 你最好以理性、合乎逻辑，并且正经的态度和他们沟通，这样才容易获得他们的认同，因为通常来说，他们习惯于一本正经、不苟言笑，不喜欢嬉皮笑脸。

② 你可以适当地表现一些幽默感，缓和你们之间的交谈气氛，缓和他严肃僵硬的表情，引导他放松心情。

③ 当你发现他莫名其妙地生气时，或是表现得无礼时，你不必太在意，不必追究他的态度由来，更没必要与他发生冲突。因为他的愤怒大多不是冲着你来的，可能只是无名火，也可能是针对其他与你不相关的事情。

④ 与完美型性格的人说话要真诚，要直截了当，因为他们十分敏感，加上他们判断力很强，对别人玩弄的伎俩、背后动机看得很透彻。如果你试图以拐弯抹角的方式达到目的，只会令他们感到不屑甚至是厌恶。

切勿对助人型性格的人要心眼

助人型性格又叫全爱型性格，这种性格的人善解人意，热情善良。对于别人的求助，他们几乎不会拒绝，即使抽不出时间，他们也会牺牲自己成全他人。他们发自内心地愿意付出爱给别人，当看到别人满足地接受他们的爱时，他们会觉得自己活得很有价值。

在日常生活中，助人型性格的人通常有以下几种表现。你可以对照这些行为表现，判断自己和身边的人是否属于助人型性格的人。

① 很多人都喜欢找他们谈心事，向他们倾诉苦闷。

② 他们内心善良，很有耐心，慷慨大方，人缘很好，朋友很多。

③ 对别人充满包容之心，懂得关爱别人，同情别人，几乎不批评别人。

④ 喜欢取悦于他人，但也有很强的占有欲，心里有一本感情账本。

⑤ 喜欢被人需要，喜欢被人依赖，他们认为被依赖就是被看重，那就是幸福的。

⑥ 当他们的付出别人不接受或因为客观原因没有收到，他们会很难受，会有挫败感。

对于助人型性格的人来说，助人是快乐之本。他们通过热心地帮助别人来肯定自我，他们希望以此得到别人的接纳和欣赏，当别人来找他帮忙时，他们的内心会有一种骄傲感和自豪感。因为可以得到满足，所以他们会继续热心地帮助别人。有时候，这份热心会给他身边的人造成困扰。

在一个心理访谈节目中，女嘉宾苏丽说：“我结婚已有两年多，老公是一位事业单位的员工，平时喜欢帮助别人。我们恋爱时，我的父母觉得他为人热心、真诚、善良，是个值得托付终身的人。但是跟他结婚这两年来，我实在受不了他那种过分的热心。”

主持人好奇地问：“什么叫过分的热心？”

苏丽说：“他对周围的人热情过度了。朋友有事他肯定要帮忙，朋友没事他也会经常打电话或去串门，看看人家需要他做些什么，他每天除了上班，休息的时间几乎都在为别人忙碌。比如，邻居要去火车站，让他开车送一下，他马上饭也不吃，就出门了；朋友的小孩放学了，朋友没时间去接，让他去帮忙接孩子，他也非常高兴地去了。”

主持人说：“这么热心的老公多好啊，怎么你忍受不了呢？”

苏丽说：“因为他只知道为别人忙前忙后，家里的大事小事他从来不管不问。他帮别人做这做那，也不是为了报酬，甚至有时候还要倒贴钱，但是别人夸他几句，或是感谢他的时候，他会非常自豪。说真的，我很看不惯他这样，对他的行为非常鄙视！他经常批评我，说我小气，真的是我小气吗？还是他热心过度呢？”

如果你像上面例子中的苏丽一样，身边有助人型性格的人，除了接纳他们，感激他们为你所做的事，还应该怎样与他们相处呢？

① 委婉地提醒他们：不必刻意去帮你，千万别因为帮你而耽误自己的事情。

② 当你拒绝他们的好意时，记得说明原因，包括你的感受。这样他们才不会觉得被否定了，才不会有受挫感。

③ 当你想为他们做些事情时，最好告诉他们：这样你也会快乐。

④ 当你发现他们显得情绪化，若有所思或急性子时，你不妨询问他们遇到了什么事情，有什么需要帮忙的。

⑤ 对他们要真诚而直接，切勿对他们要伎俩。因为他们厌恶这种不坦诚的行为，一旦被他们发现，他们会认为你不够朋友，继而远离你。

⑥ 真心实意地关心他们在生活、工作中遇到的烦恼，不要让他们将焦点转移到你的身上。

对成就型性格的人要多些赞美

有个麻省理工的年轻人，他一门心思地“拼功课”，对于学习之外的社交活动都不感兴趣。在念硕士的两年与博士的第一年，他的每一门学科都拿下了漂亮的A——最高的分数。一门学科拿A容易，科科都拿A，实属不易。

付出有了回报，他内心感到很欣慰，他也一直以为自己的导师会为他高兴。直到有一天，他终于碰到了“大铁板”——有一门陌生的必修课。他上了几个月的课，还是没有掌握到核心知识，他心里清楚，如果考试的话，及格绝对没问题，但肯定拿不到A。

在这种情况下，他做了一个令人不解的决定：期末考试前，毅然退选这门课，为的就是避免成绩单上出现非A成绩。老师和同学们十分不解。

生活中，我们经常会遇到像上面事例中的年轻人，他们好胜心强，重视目标达成，渴望事业有成，这种人属于成就型性格的人。

与助人型性格的人不同，成就型性格的人认为，一个人的价值存在于成就，而非个人的本身或感觉。为了获得成就，他们拼命地工作，上学的时候可能会去图书馆打工、编辑校刊、开展社团活动、主持学生会，参与各种能够证明他们价值的工作。

在日常生活中，成就型性格的人通常有以下几种表现。你可以对照这些行为表现，判断自己和身边的人是否属于成就型性格的人。

① 有良好的口才，是天生的演说家；才华横溢，具有领袖气质。

② 重名重利的现实主义者，重视自己在人前的表现。

③ 经常夸奖自己做得好、干得漂亮，懂得自我欣赏，也有些自我膨胀。

④ 在交往中，喜欢占据主导，喜欢说，不喜欢倾听。有时候得意忘形，会忘记别人也有心声。

⑤ 做事追求效率，注重结果，善于找方法，走捷径。

⑥ 希望在人群中赢得大家的关注，喜欢扮演主角。如果被别人忽视了，他们会沮丧、生气。

成就型性格的人害怕亲密的关系，这不代表他们没有朋友，只是当友情深入时，他们因为害怕真面目被看穿而有意选择逃避。因此，对于成就型人来说，与之建立亲密关系是不容易的。那么，如果你身边有成就型性格的人，你应该怎样与他们相处呢?

① 除了给他们欣赏，还是给他们欣赏，因为你若批评他们，只会逼着他们更卖力地“演出”。

② 想让他们改变看法和做法，你只需让他们认识到，你的想法和做法能帮他们得到更好的结果。

③ 当你发现他们目标转移太快、步子迈得太大时，你不妨提醒他们是否有必要放慢速度，并告诉他们原因。

④ 如果你喜欢他们，并且乐于陪伴他们，请亲口告诉他们。

⑤ 对他们的勤劳付出和不懈努力表达理解和体谅，同时要认可他们的成就，肯定他们的价值。

⑥ 当他们很忙时，请接受他们对工作的狂热。等他们忙完了，你再告诉他们你的担忧。比如，妻子可以对成就型性格的丈夫说：“这样忙下去你身体怎么吃得消？要不明天休息一天，陪我逛逛街？我想你陪我！”既表达出对老公的关爱，又能让老公放慢工作节奏，让身心得到缓冲。

4.

和观察型性格的人保持君子之交

在生活中，利斯特没什么朋友，他也不喜欢社交活动。在人群中，他总是那么孤独的旁观者，似乎永远融不进群体。但只要有人跟他谈论挑战性的思想及探讨人性的话题，他深奥的理论就会让人折服，而他自然也是乐此不疲。人们很奇怪：原本沉默寡言的他，每次谈论这类话题就变得非常健谈，好像不知道累似的。

家人不能忍受利斯特的是，杂物堆积如山却不收拾，连一张旧报纸都视为宝贝，没有一样值钱的，却不肯丢掉。他每天回到家，就钻进房间里捣鼓一堆旧书籍、器材、数据等，简直就是怪人。他每天跟计算机打交道的时间最多，根本不需要娱乐，也不需要打扮。这种生活使他节俭成性，不修边幅。但他讲起话来却温文尔雅，待人处事礼貌客气。

利斯特是一个理性、冷静、客观的人，是一个典型的观察型性格的人。观察型性格的人喜欢冷眼看世界，喜欢分析思考。他们凭借获取的知识来了解环境和周遭的事物，喜欢总结事物的规律，找出事情的脉络与原理。他们有很强的分析与组织能力，充满创意和革新精神。他们不喜欢自己的空间受到骚扰，他们也不会入侵别人的领地，喜欢与人维持“君子之交淡如水”的关系。

在日常生活中，观察型性格的人通常有以下几种表现。你可以对照这些行为表现，判断自己和身边的人是否属于观察型性格的人。

① 沉默寡言，好像与世无争，又好像不会关心别人一样。

② 无神论的代表，他们对有神论者充满不屑，认为一个看不到、摸不着的神居然什么都知道，太荒唐可笑。

③ 喜欢独自工作，能够完全投入自己的世界，习惯于独来独往，能够走入他内心的朋友少之又少。

④ 看似非常冷漠，实则非常害羞，你休想跟他们成为朋友，即便有几次点头之交，那也不代表他们接纳了你。

⑤ 对宇宙世界、哲学文化、人性的问题等高深莫测的东西充满探索精神，经常觉得生命很荒谬。

⑥ 经常和别人的意见不合，但又缺少争辩的胆识和度量，只好在内心认定自己的观点是对的。

对照以上表现，如果你身边有观察型性格的人，你应该怎样与他们相处呢？

① 当他们说话时，你要认真倾听，表现出感兴趣或不惧威胁的样子，这样他们才会充满兴致地讲下去。否则，他们讲着讲着就可能退缩，声音越来越小，越来越没自信。

② 尊重他们的界线，不要未经许可侵入他们的空间、探听他们的隐私，或对他们表现依赖感。

③ 他们喜欢事先准备好的感觉，所以事先给他们充分的提醒很有必要。比如，你想跟他们谈话，那么不妨提前告诉他们，让他们心理上有个准备。

④ 给他们单独的时间去做决定，不要催他们，不要给他们施压。

⑤ 当你希望他们做某件事时，请选择合适的表达方式，要用“请求”，而非“要求”。

⑥ 当你发现他们表现得傲慢、疏离或愤怒时，那可能是因为他们感到不舒服，而非针对你。

⑦ 当你发表意见时，不要期待他们会在感情上大肆回应你，你很可能只会得到羞怯、含蓄或更糟的反应。

5.

小心！忠诚型性格的人疑心病重

寒冷的冬夜，本森医生开车出诊，会诊目标是一个快要分娩的妇人。途中，他发现有个矮小的男性沿着公路边顶风行走，就请他上车，决定带他一程。

上车后，路人自我介绍，名字叫埃文斯，并向本森医生要了一支烟并点燃了。过了一会儿，他又对本森医生说："如果你不介意的话，我想再拿一支烟待会儿抽。"还没等本森回话，他就从烟盒里取出了第二支烟，然后动作麻利地把烟盒放回本森医生的外套口袋。正是这个举动，让本森医生产生了怀疑，他认为这个埃文斯很可能是个惯偷。

突然，本森医生想起手表，便伸手去摸衣兜里的手表，这才发现手表不见了。他故作镇定，慢慢地把手移动着，小心翼翼地伸向座位后面，缓缓地抽出手枪。然后，疾速刹住车，把枪口冲着埃文斯："把那只表放进我的衣兜！"

埃文斯吓得尖叫起来，慌忙地举起手："上帝啊！先生，您这是干吗？"

本森医生厉声说道："别废话，赶快把那只表放进我的衣兜，否则我要开枪了。"

埃文斯伸手从背心的口袋拿出一只表，本森医生接过手表，然后怒气冲冲地将埃文斯赶下车。

还好，这一切没有耽误什么时间。当他来到病人家里时，不一会儿病人就顺利产下了孩子。这时本森医生跟病人家属讲起了路上的遭遇，并带着几分得意，从口袋里拿出手表。突然他怔住了，他发现手中的表并不是自己的手表，上面赫然镌刻着几个字：赠给救护车队员埃文斯，再摸另一只口袋，发现自己的手表安然躺在里面。

这是一个很有意思的故事。故事中的本森医生怀疑埃文斯是小偷，在发现手表不见了时，他做出掏枪夺回手表的举动，可后来他发现，这是一个天大的误会。显然，本森医生的行为是多疑的典型表现。

生活中，有一种人生性多疑，他们做事小心谨慎，不轻易相信别人，这种人就是忠诚型性格的人。忠诚型性格又叫疑惑型性格，这种性格的人喜欢关注潜在的伤害、危险、威胁，并主观地放大危险、伤害。在陌生的环境中，他们感到紧张，没有安全感。

在日常生活中，忠诚型性格的人通常有以下几种表现。你可以对照这些行为表现，判断自己和身边的人是否属于忠诚型性格的人。

① 有时可爱逗趣，有时粗野暴躁，令人难以捉摸。

② 一会儿欣赏自己、相信自己，充满权威感，一会儿优柔寡断，依赖别人。

③ 有时候非常顺从，有时候又非常抗拒，性格极端矛盾。

④ 胡思乱想太多，又无法做出决定，采取行动对他们来说是困难的事情，回答问题更是缓慢。

⑤ 情绪化严重，因为受到焦虑的影响，常常无法干脆利落地做出重大决定。

⑥ 在合作中，当别人不努力时，他们会一边骂，一边做。

那么，如果你身边有忠诚型性格的人，你应该怎样与他们相处呢？

① 请记住他们有一颗多疑之心，如果他们不相信你，请别放在心上。

② 在交流中，认真倾听他们，并承认你明白了他们的意思。否则，你将无法取得他们的信任。

③ 与他们沟通时，说话要注意措辞，切忌说一些有歧义的话，因为他们很容易理解出不好的意思。

④ 如果你喜欢一个忠诚型性格的人，你不妨以一种不动感情的方式，向他表明你对他的爱——行动胜于言语。

⑤ 当他们盛怒时，你应该回避，等对方情绪平静时再去处理。

6.

对领袖型性格的人最好坦诚相待

电视剧《大宅门》中的白景琦，从小就深受母亲的影响，相信一个道理，那就是强者受人尊敬，弱者被人欺负。

小时候，他和堂兄弟及其他同龄人玩耍时，见堂兄弟欺负弱小的孩子，他会毫不犹豫地挥起手中正在把玩的刀，追砍欺负人的堂兄弟。

长大后，有位小无赖借着手握白家的秘密，经常威胁白家，在白家作威作福。白景琦为了白家全局着想，对这个无赖忍气吞声不说，还好吃好喝地招待着。当无赖看到大宅门里的一个漂亮女孩时，就无礼地上前搂抱，众人不敢阻拦这个无赖，唯有白景琦忍不了，他把那个无赖狠狠地收拾了一顿。

后来，白景琦因惹事被母亲赶出家门。他远赴济南，那边原本有当官的亲戚，但他不去投靠，而是凭借自己的双手白手创业，取得了巨大成功。

像白景琦这样的人，正义感强，会为弱者鸣不平；自尊心强，宁可受苦也不投靠他人；敢想敢做，是绝对的行动派。这就是领袖型性格的人。

领袖型性格的人追求权力，讲求实力，有些独断，具有攻击性。他们能够敏锐地觉察到权力所在之处，使自己免受他人的控制。他们有强大的支配能力，懂得运用自己的力量，并毫不妥协地去做有价值的事情。但他们通常对生活和事业抱着“一不做二不休”的态度，有时会让自己陷入被孤立的境地。

在日常生活中，领袖型性格的人通常有以下几种表现。你可以对照这些行为表现，判断自己和身边的人是否属于领袖型性格的人。

① 乐观进取，自信心爆棚，对自己的意志和能力从不怀疑。

② 相信天下无难事，遇到问题时，不会把时间浪费在唉声叹气上，而是会立即寻找解决方案。

③ 非常独立，不喜欢求人，你也可以说他们自尊心强，搁不下面子去求人。他们的信条就是“求人不如求己”。

④ 不喜欢拖泥带水，做就做，不做就不做；行就行，不行就不行。做任何事情都喜欢简洁明快、干净利落。

⑤ 享受挑战高难度目标的过程以及成功之后的感觉。

⑥ 懂得“物竞天择，适者生存”的道理。

⑦ 遇强则强，越挫越勇，谁都别想一下子击溃他们的斗志。

⑧ 充满正义感，对家人和朋友有极强的保护欲。

那么，如果你身边有领袖型性格的人，你应该怎样与他们相处呢?

① 当你有要求和想法时，直接告诉他们，不要磨磨叽叽，拖泥带水。

② 跟他们说话时，尽量说重点，这样他们才不会不耐烦，并愿意听你继续陈述。

③ 与他们相处时，你可能会与他们发生争论或遭受他们的攻击。如果你讨厌这种感觉，你可以直接表达出来。

④ 要尊重并欣赏他们，千万不要取笑他们，否则他们会快速反击，而且不会轻易宽恕你，因为他们觉得被羞辱了。

⑤ 对他们要坦诚，不要说谎，除非你不在乎被他们攻击。

⑥ 不要直接告诉他们的错误，而要用鼓励性的口吻跟他们讲。

⑦ 当他们发怒时，千万不要与他们硬碰硬，否则，只会弄得你遍体鳞伤。

⑧ 接受他们的“咆哮”，记住，那不是针对你本人的攻击，而是就事论事。

7.

对和平型性格的人多要表达欣赏

黄萍是个性格温和的人，她做事不紧不慢，说话声音不大不小。与人相处的时候，她总是面带微笑，很少有急躁、愤怒的时候，一般人都觉得她很好相处。在工作中，她不轻易发表意见，一旦发表意见，则是经过深思熟虑的，所说的话往往是问题的症结，这一点让同事们非常佩服。

可是，她的很多行为往往令人感觉像是逃避。无论人际交往中的纠纷，或是工作上遇到的困难，她都会用一种鸵鸟心态去应对，能拖延就拖延，能不做就不做。她以为不去解决，问题会自动消失，殊不知，逃避并不是解决问题的办法。

上面事例中的黄萍是一个和平型性格的人，这样的人个性淡薄，不自夸，不爱出风头。他们喜欢和谐而舒适的生活，在与人相处时，他们会避开冲突和紧张，以维持和谐的人际关系。他们会忽视让自己不愉快的事物，并尽可能地让自己保持平稳、平静。

和平型的人在很多情况下都是“和平使者”，他们个性温和、待人随和，很容易了解别人，却不是太清楚自己想要什么，会显得优柔寡断。相对地说，他们的主见性较差，宁愿配合其他人的安排，做一个很好的协同者，所以他们往往是被动者。举一个例子：

一个和平型性格的人乘坐飞机，飞机上有免费的饮料。服务员问他：“你要什么饮料？”他往往会说：“随便。”如果服务员态度不好，回应一句：“没有随便！”恰好这时旁边有个乘客说：“我要一杯橙汁！”和平型性格的乘客也会马上跟着说：“给我也来杯橙汁吧！”

和平型性格的人似乎永远不会主动给别人带来麻烦或制造伤害。在日常生活中，和平型性格的人通常有以下几种表现。你可以对照这些行为表现，判断自己和身边的人是否属于和平型性格的人。

①温和、平稳、冷静、遇事不急躁，不慌不忙，功劳面前不争不抢。

②喜欢听别人的安排，不爱发表意见，做事不主动。

③被人骂了，他们也不怎么辩解，顶多问句："骂完了吗？""气消了吗？"

④注重倾听别人，也有同理心，而且不乱传话，不八卦，是倾诉心事的好对象。

⑤对自己要求不高，对别人要求也不高。别人对他们提要求时，他们往往漫不经心，一副不在乎的样子。

⑥动作缓慢，拖拖拉拉，谁也不知道他在磨蹭什么。

那么，如果你身边有和平型性格的人，你应该怎样与他们相处呢？

①认真倾听他们说话，并让他们知道：你对他们的观点很欣赏。

②不要把他们的迎合视为认同，也许他们只是在做"应声虫"，内心并没有认同你，因此，你不妨询问他们的真实想法。

③他们的注意力非常分散，你可以用发问的方式帮他们集中注意力。

④若想知道他们的想法，那你最好先营造一个宽松的空间，让他们感到轻松自在，他们才可能说出自己的想法。

⑤对他们做到的事情表达肯定和欣赏，而不要将关注点放在他们做不到的事情上。

⑥不要认为他们性格软弱好欺负，他们并非软弱，只是不想强硬。所以，不要对他们下命令，而要温和地提醒；不要催促他们做决定，而要给他们时间。

自我型性格的人渴望得到重视

在一部名叫《犯罪现场调查》的美剧中，Horatio是迈阿密犯罪现场鉴证科的一把手。剧中讲述Shane一家四口从加拿大来到美国迈阿密旅游。这个过程中，哥哥Brina不幸被杀，弟弟Shane一心想为哥哥报仇，私下调查犯罪嫌疑人，背地里袭击了他认为的犯罪嫌疑人Luis。但结果被证实，Luis并非杀他哥哥的凶手，而是另有其人。

很自然，Shane被起诉了，很可能会被判故意谋杀罪。Horatio看在眼里，不由得对Shane产生了强烈的同情。于是，他私下把Luis约出来，恳求他不要起诉Shane，他承诺出资解决Luis的生活困难……

按理说，Horatio与Shane非亲非故，而且Shane确实故意伤人在先。作为犯罪现场鉴证科的一把手，Horatio只需秉公办事，但他出人意料地暗中帮助Shane。这充分体现了Horatio重感情、比较情绪化的自我型性格。

自我型性格的人常常觉得自己与别人不同，是不平凡的。他们感情丰富，思想浪漫前卫，又富有创意，拥有敏锐的感觉和审美眼光。他们追求自我感觉，习惯于把关注的重点放在人际关系上。虽然他们对工作也有很高的期望，但会始终把寻找理想的伴侣放在第一位。

自我型性格的人比较情绪化，害怕被人拒绝、被人误解。他们有强烈的占有欲，有着我行我素的生活作风。他们喜欢跟别人讲不开心的事情，容易忧郁、妒忌。他们心情不好时喜欢独处，独自处理不开心的情绪。

在日常生活中，自我型性格的人通常有以下几种表现。你可以对照这些行为表现，判断自己和身边的人是否属于自我型性格的人。

① 情绪化严重，喜怒哀乐等各种情绪的转化非常快，喜欢用幻想来增

加自己的情绪，并很享受这种感觉。

②有些沉默，有些害羞，活在自己的情绪感受中，不易被人理解。

③经常一副忧郁的表情，充满痛苦又内向害羞。

④与人初次见面时，他们往往表现出冷漠、神秘又高傲的样子。

⑤容易被生活中不寻常的东西吸引，活得像一朵云那样飘忽不定，让人难以捉摸。

⑥常常觉得心好累，却不愿意向他人诉说，相反，还会刻意把自己的心与别人隔离开来。

那么，如果你身边有自我型性格的人，你应该怎样与之相处呢？

①给他们理解、认同和配合，让他们感受到你的支持，这样他们会感觉舒服点。

②当你想得到他们的帮助时，不妨直截了当表达需求。虽然他们看起来总是热衷于自己的事情，但实际上很乐意帮忙。

③在与他们交往的过程中，适时让他们知道你的感觉、反应和想法。

④当你感觉到他们正处于某种情绪中时，你可以询问他们此刻的心里感觉，引导他们把这种情绪表达出来，让他们更容易恢复平静。

⑤对于他们富有创意又独创的观点、行为和贡献要大加赞赏。记住，称赞他们的行为和动机，胜于称赞他们所取得的成果。

⑥他们对自己的评价不高，因此，你要给他们一些正面的评价，表达你对他们的在乎和重视。

⑦鼓励他们活在当下，或利用写作、艺术、音乐、舞蹈等去表达创意，或鼓励他们找一份有意义的工作，发挥聪明才智去做好，避免他们沉迷于幻想的世界中。